鑄鼎餘聞

第一輯 第20冊 鑄鼎餘聞 正編 第12種

(新編)鑄鼎餘聞目錄

序……三
鑄鼎餘聞總目(跋)……五
卷一……七
諸神得敕封始於唐……七
諸神生日……八
三十三天……九
三清……一〇
三清衆聖……一一
元始天尊……一一
元始天王　元始十天王……一二

陰陽使者……一三
太上老君……一四
老子……一四
無央聖衆……一五
黔羸……一五
昊天上帝……一五
玄天上帝……一六
玉皇君　東王公　東王父　木公……一六
天門三將軍……一七
三天金闕門下……一八
三天法師……一八
唐葛三眞君……一八
三聖廟　卽護國旌忠廟……一九
四聖廟……二〇
北極佑聖神威玄天上帝……二一
附佑聖咒……二二
龜蛇二將……二三

青龍白虎神……二四
三官 天官 地官 水官……二五
南斗 延壽司……二六
北斗 斗姥……二七
二十八宿姓……二九
文昌神……三二
梓潼帝君張亞子 即英顯武烈王及張相公……三四
魁星……三九
文曲星 武曲星……四一
朱衣神……四一
天聾地啞……四二
九天應元雷聲普化天尊……四二
雷廟 互見雷神……四三
雷部……四四
五雷……四五
雷神……四六
雷公……四七

雷鬼……四八
電母……四九
風伯　風師……五〇
雨師……五一
雲師……五一
霜雪神……五一
謝仙……五二
火祖……五三
火德之神……五三
凌霄女……五三
葛天君……五四
辛天君……五四
王靈官……五五
五顯靈官……五六
永寧昭惠衞國保民五聖顯應靈官……五八
上方山五顯本顧姓……六〇
德興五顯姓林……六一

三茅眞君……六一
許眞君 即九天都仙大使……六六
北嶽眞君……六九
沖虛至德遁世遊樂眞君列子……六九
南華至極雄文宏道眞君莊子……七〇
通玄光暢昇元敏秀眞君文子……七〇
洞靈感化超蹈混然眞君庚桑子……七一
無上太初博文文始眞君尹眞人……七一
垂玄感聖慈化應御眞君徐甲……七二
紫陽張眞人……七二
薩眞人……七四
尹眞人……七六
蓬頭尹眞人……七八
元應善利眞人 王喬……七九
蓑衣何眞人 附王瑶 何宗元 知浹……七九
高唐神女 妙用眞人……八五
柳眞君……八六

王仙師……八六
朝元眞官……八七
申天師……八七
五岳之神……八七
東嶽天齊大帝……八八
附東嶽借壽……九〇
炳靈公……九一
碧霞元君……九三
泰山錄事……九四
驅石神……九六
四海之神……九七
五龍……九八
海童……九九
馬銜……九九
天吳……一〇〇
東海助順孚聖廣德威濟王　卽東海神……一〇〇
頂山白龍神……一〇一

德淵廟龍神　附靈洽廟　靈溥廟　靈渥廟……一〇一
樂清縣龍母廟……一〇二
浙江海神……一〇四
推潮鬼……一〇四
金龍四大王……一〇五
天妃……一〇七
卷二……一一三
江神……一一三
奇相……一一三
李冰　二郎神　卽靈顯廟……一一四
清源妙道眞君趙昱……一一七
淮水神……一一八
靈源神祐宏濟王　卽黃河神……一二〇
洛子神……一二〇
水府三官……一二一
馬當廟……一二一
波神陽侯……一二三

倉聖　蒼聖　蒼王……一二四
關帥　附子平、興……一二五
周倉……一二八
崇寧眞君……一二九
關大王……一二九
張大帝……一三〇
武烈大帝……一三五
聖山靈康白鶴大帥　即靈順顯祐廣惠王　趙侯廟……一三九
忠靖王　疑即溫元帥……一四一
忠靖威顯靈祐英濟王張抃　潭州有忠靖王廟宋曾致堯撰碑……一四三
黑神南霽雲……一四四
東平忠靖王……一四五
景佑眞君廟……一四六
顯忠廟……一四六
孚應昭烈王……一四七
千勝小王……一四七
靈祐王……一四七

威惠廣祐王……一四八
靈應忠嘉威烈惠濟廣靈王　卽永泰王廟及鮑郎祠……一四八
永泰王　忠嘉神聖惠濟廣靈王……一五〇
康王廟……一五五
義忠王梁山伯廟……一五八
霍王廟　金山大王　顯忠廟……一六一
顯祐廟……一六二
伍胥廟……一六四
江東廟　嘉濟廟……一六六
絳侯周勃廟……一六七
張翼德廟……一六八
禰衡廟……一七〇
甘興霸廟　卽富池昭勇廟……一七一
晉孔愉廟……一七二
范明廟……一七二
慈濟廟……一七三
九眞廟……一七四

顯應廟……一七五
婁敬貞身祠神像……一七六
齊景公廟……一七六
漢高帝廟……一七七
周赧王廟……一七七
仁靖公微子……一七七
仁獻公箕子……一七八
仁顯忠烈公比干……一七八
讓王泰伯……一七八
吳恭孝王仲雍……一七八
顯聖王周公……一七九
武靈王諸葛亮……一七九
英義武惠正應王周處……一七九
靈應侯郭璞……一七九
文貞公杜甫……一八〇
文節昌平侯劉蕡……一八〇
南庭忠烈靈惠王危全諷……一八〇

護國英仁武烈忠正福德鎭閩尊王……一八〇
昇元明義眞君劉綱　昇眞妙化眞君……一八一
周仙王廟……一八一
周宣靈王……一八二
護國忠臣顯靈王……一八五
水平王……一八六
平水王　即橫山周公廟太和沖聖帝……一八六
孚德廟正肅英烈王張鉉　平水王之佑神……一九一
岱石王……一九二
馬鳴王裴璩……一九三
菩提王廟……一九四
湯王廟……一九四
顯應公……一九五
顯應廟……一九五
鄧公廟……一九六
蔣侯……一九七
護國忠烈昭濟顯應侯王維……一九八

靈應廟廣福威烈侯葉……一九九
靈濟侯陳賢……二〇〇
顯德靈徵侯姚器廟……二〇一
協順廟廣靈侯陸……二〇二
河平侯祠……二〇三
忠潔侯……二〇四
利隱侯……二〇四
翊應侯……二〇四
靈濟侯……二〇五
福濟廣利侯……二〇五
忠烈侯……二〇六
張忠惠侯……二〇七
忠烈武義侯……二〇七
靈助侯……二〇八
中山永定公劉太尉……二〇八
秦太尉……二〇九
鐵四太尉……二〇九

靈順安邦寧國衞民侯方使太尉……二一〇
褚太尉……二一一
屠太保……二一二
盧太保……二一二
沈七太保……二一二
水仙太保……二一三
朱司徒……二一三
柴司徒……二一三
陳司徒……二一四
陶李司徒……二一四
太乙司徒……二一四
金李二司徒……二一四
伏虎茅司徒……二一五
黃司空廟……二一七
九天僕射夷齊……二一八
李僕射……二一九
神霄玉府都督大元帥 即晏公及平浪侯……二一九

昭惠永甯大元帥王于……一二〇
靖國衞民大元帥花敬定……一二一
五代元帥……一二二
天門都督……一二三

卷　三……一二五

猛將廟……一二五
劉猛將軍……一二五
甘將軍廟　江東廟……一二七
胡將軍廟……一二八
威靈顯化趙將軍……一二九
百蟲將軍……一三〇
衞將軍……一三〇
蘇將軍……一三一
宋將軍……一三一
賀將軍……一三一
盛將軍……一三二
朱將軍……一三二

閻將軍……一三三
卜將軍……一三三
射龍將軍……一三四
五戶將軍……一三四
石信將軍……一三五
弋武將軍……一三五
天道將軍……一三五
龍洞將軍……一三六
陽武四將軍……一三六
白馬將軍……一三六
中將軍……一三七
周將軍……一三七
溫將軍……一三七
觸鋒將軍……一三八
龔將軍……一三九
忠烈將軍……一三九
蕭將軍……一四〇

徐將軍……二四〇
許將軍　靈威王　義安侯……二四〇
五道將軍……二四一
韓將軍……二四一
利濟侯金元七總管……二四二
吳總管……二四四
管七廟……二四五
金都尉……二四五
蔡判官……二四六
崔府君……二四六
九山府君……二四八
戈府君……二四八
施府君……二四九
楊府君……二五〇
余使君廟……二五一
靈惠侯周孝子……二五三
李烈士……二五五

城隍……二五六
紹興城隍……二六〇
臺州府城隍……二六一
土主廟……二六二
九州神主阮使相公……二六三
白馬相公……二六四
閆八相公……二六四
朱相公　即朱六郎及紫微侯……二六五
顧相公……二六五
徐相公……二六五
白沃使君……二六七
金大伯公……二六七
戚公子……二六八
辟蛇童子……二六八
井泉童子……二六九
土地……二六九
土公……二七一

附土地公公生日……二七一
社公……二七二
住宅土地……二七三
后土正神……二七三
龍驤將軍滁全和含都土地……二七四
清眞宮土地……二七五
李衞公……二七五
馬明王　即馬頭娘……二七六
明王……二七八
社稷明王……二七八
社瀆明王……二七八
四道明王……二七八
露天明王……二七九
博士明王……二七九
蔣靈明王……二七九
顯跡明王……二七九
無澤明王……二八〇

李澤明王……一八〇
四澤明王……一八〇
四大明王……一八〇
沈大明王……一八一
紫宮明王……一八一
潘景明王……一八一
吳王……一八一
越王……一八一
湯王……一八二
蕭王……一八二
威相王……一八二
潘祁丕王……一八二
豁王之神……一八三
皮場大王……一八三
梨山大王……一八五
要離大王……一八六
莫邦大王……一八六

胥吳大王……二八七
孫吳大王……二八七
春申大王……二八七
徐偃大王……二八七
高城大王……二八八
晏城大王……二八八
祝城大王……二八八
福順大王……二八八
福善大王……二八九
最仁大王……二八九
安邦大王……二八九
護國大王……二九〇
姚王大王……二九〇
何王大王……二九〇
翁聖大王……二九〇
徐善大王……二九〇
裴虺大王……二九一

湯明大王……二九一
陳曹大王……二九一
蘇李大王……二九一
庚金大王……二九一
柳楊大王……二九二
蘆荻大王……二九二
上支大王……二九二
支墅大王……二九二
朱舍大王……二九三
沙營大王……二九三
宿金大王……二九三
伍相大王……二九三
保安大王……二九四
新產大王……二九四
傀儡大王……二九四
休留大王……二九四
牛頭大王……二九五

轉智大王……二九五
草鞵大王……二九五
景雲大王……二九七
桑墩四大王……二九八
竇大王……二九八
水草大王……二九八
白馬大王……二九八
白石大王……二九九
漁父仙王……二九九
尚境仙王……三〇〇
東殿聖王……三〇〇
九郎聖王……三〇〇
大聖山王……三〇一
西風大聖廟……三〇一
何舍信王……三〇一
桑倫信王……三〇二
東大仁王……三〇二

東始齊王……三〇二
周白舍王……三〇二
宋監傷……三〇二
顧三郎……三〇三
陶四郎……三〇三
潘七郎……三〇三
白八郎……三〇三
白馬三郎……三〇四
玄陵三郎……三〇四
玄陵四郎……三〇四
攀花五郎……三〇四
西官七郎……三〇五
招寶七郎……三〇五
張十六郎……三〇五
張十七郎……三〇五
陶四郎……三〇六
陳九郎　即靈通感應安邦王　護國大聖……三〇六

五郎……三〇七
五通……三〇七
獨脚五通……三〇九
福德五通……三一〇
五聖……三一〇
樹頭五聖……三一〇
魚花五聖……三一一
湖州五聖……三一一
八赤五相……三一二
西王母廟……三一二
武婆婆……三一四
黃道婆……三一四
昭靈夫人廟……三一五
孝祐夫人……三一六
順懿夫人　臨水夫人　陳夫人……三一六
赤石夫人……三二〇
石筍夫人　順天夫人……三二一

妙應柳夫人　痘神……………………………………三二一
燕國夫人……………………………………三二二
慧感靈孝昭順純懿夫人……………………………………三二三
慧感顯應善利夫人……………………………………三二三
中山夫人……………………………………三二五
茉莉夫人……………………………………三二五
眞國夫人……………………………………三二六
陳社夫人……………………………………三二六
祝七夫人……………………………………三二七
上仙夫人……………………………………三二七
眞姑夫人……………………………………三二七
勝姑夫人……………………………………三二八
三沼夫人……………………………………三二八
獨樹夫人……………………………………三二八
煬帝夫人……………………………………三二八
安濟夫人……………………………………三二九
上虛夫人……………………………………三二九

浣花夫人……三三〇
保珠娘娘　珠媽廟　痘神……三三〇
武陵娘子……三三一
蘇小娘子……三三二
石魚娘子……三三二
八字娘娘……三三二
楊九娘……三三三
花四娘……三三三
聖七娘……三三三
露筋娘娘……三三四
柏姬廟　白雞廟……三三五
雙姑……三三六
邢三姑……三三七
七姑子……三三七
聖姑　昇姑……三三八
新村聖姑……三三九
楚姑……三四〇

女郎廟……三四〇
三姑廟 吉陽廟……三四一

卷四……三四三
十二仙……三四三
馬自然……三四四
蜀八仙……三四六
附仙宗十友……三四七
范長生……三四七
鍾離先生……三四八
呂純陽……三五〇
鐵拐李……三五五
曹休……三五六
曹拮休……三五七
韓湘……三五八
何仙姑……三五九
馬仙姑……三六七
張三丰 卽張邋遢亦作張剌達……三六七

周恢……三七〇
劉海蟾……三七二
附道家南北二宗……三七三
附方士僞託……三七四
和合　萬迴……三七六
鍾馗……三七九
神和子……三八四
明眞子……三八五
木牌王……三八六
藥王廟　藥王菩薩……三八七
醫王廟……三八九
花神……三八九
機神廟……三九〇
中堂神王……三九一
門神　門丞戶尉……三九一
五路神　五部神　財神……三九二
利市仙官　利市婆官……三九四

玄壇……三九四
趙公明……三九五
竈神……三九五
竈君……三九六
竈王……三九七
附跳竈王……三九七
竈公竈婆……三九七
竈馬　竈界……三九七
祀竈神　謝竈……三九八
附接竈……三九九
附送竈……四〇〇
附竈經……四〇〇
附點竈燈……四〇〇
牀公　牀婆……四〇一
厠神　紫姑　厠姑　坑三姑娘……四〇一
金馬碧雞之神……四〇二
白馬廟……四〇四

蛇王廟……四〇五
青蛙便者……四〇五
祀尉遲公……四〇九
餅師祀漢宣帝……四〇九
宗三舍人　鬃三爺……四一〇
馮大王……四一〇
楠木大王……四一一
附木龍……四一二
孟公孟姥……四一二
老郎廟……四一三
白眉神……四一四
田相公……四一四
人身諸神名……四一五
三尸神……四一五
十殿閻王……四一六
附孟婆湯　還魂湯……四一八
附奈何橋……四一九

附業鏡臺……四一〇
附寄庫……四一〇
附鬼門關……四一一
地獄異說……四一二
五方鬼帝所治山……四一二
酆都陰君　羅酆……四一三
女青……四一四
太歲……四一四
避煞……四一五
金神七煞……四一六
九梁煞　九梁星……四一六
七傷官……四一七
形夭……四一七
夜叉　飛天夜叉……四一八
陳仁嬌　赤蝦子　樹杪間人……四一九
大慈大悲更生如來……四三一
華光如來……四三一

附極樂世界……四三二
定光佛……四三二
普光功德山王佛　善住功德寶王佛……四三四
普陀山大士現身……四三五
觀音大士……四三六
白衣觀音……四三八
魚籃觀音……四四一
普賢文殊後身……四四一
普賢大士……四四三
龍猛大士……四四三
泗州大聖　泗州文佛……四四四
十六羅漢……四四五
十八羅漢……四四七
五百羅漢……四四八
諾詎羅尊者……四四九
四天王　即四金剛……四五一
托塔天王……四五三

那吒太子……四五三
木叉……四五三
密跡金剛……四五四
韋馱……四五四
六祖眞身……四五六
布袋和尚……四五六
蟻衣禪師……四五七

鑄鼎餘聞

宗汝濟署檢

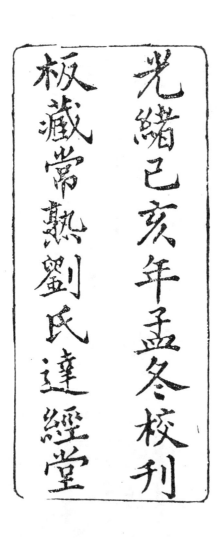

光緒己亥年孟冬校刊
板藏常熟劉氏達經堂

序

善乎邵青門之言曰神仙之說乘人之貪而誘之也釋氏之說乘人之怖而刼之也自來諸子百家稗官小說所紀仙佛神異之蹟率皆誣謾失實妖妄熒聽故忠清亮直之士往往鄙夷其書爲不足觀慁人之淆惑心神而受其蠱有以哉然稽諸古昔瓌聞叢錄凡散見於傳記者殆難僂指數經莫古於易易之言鬼神詳矣聖人以之設教者蓋知夫宇宙空虛之中碻有此陰陽二氣之流行而未嘗一日或息學者承其旨爲之探賾索隱博采旁搜就所睹聞彙爲編帙將以述靈異擴識見其

親切精要處實亦足以闡潛德而發幽光爲世道人心之一助常熟姚先生屺瞻所輯鑄鼎餘聞四卷比物此志也先生博極羣書著作宏富久爲士林欽仰所譔海虞藝文志已行世唯此書尚無刊本同里劉君蘭蓀篤雅好古練習舊章慮是書之日久散佚亟謀付梓俾得廣爲流傳余願覽是書者因其所證據以攷覈其名義懷想其本原勿徒張皇幽渺鋪陳怪誕僅與王嘉之拾遺記干寶之搜神記等量而齊觀也是則作者與刻者之心也夫光緒己亥冬日元和鄒福保譔

鑄鼎餘聞總目

卷一　二百四則
卷二　二百九十四則
卷三　二百六十一則
卷四　一百八十八則

右鑄鼎餘聞四卷吾邑姚先生屺瞻所著也先生博聞强記家多藏書丹黃校勘邃於經學尤熟習邑中文獻由宋迄明網羅放佚有裨志乘著有海虞藝文志六卷同里諸君子業已集貲壽梓其餘著述數種若不亟事雕鐫久恐湮沒近聞補籬遺稿若干卷則

般大令芝階任之瑣學錄若干卷則徐太史少逵任之而是書多詳載里社祠宇引證淵博齊諧志怪干寶搜神亦足以廣異聞考逸事也余竊觀而愛之攜歸郡齋俾同志校讎卽付剞劂蓋仰慕諸君之高誼略表先生之苦心樂助其成用傳諸遠遂書以記之

光緒二十五年歲次已亥十月邑後學劉廣基謹跋

鑄鼎餘聞卷一

常熟姚福均子成輯

諸神得敕封始於唐

宋洪邁容齋四筆云池州銅陵縣孚貺侯廟有唐中和二年二月一碑其詞云敕宣歙池等州都團練觀察使牒當道猶今稱本道先准詔旨許行墨敕授管內諸州有功刺史大將等憲官雖幽顯不同而褒昇一致神久標奇絕早挹英風靈跡屢彰神述不昧是行權制用副人心謹議褒贈游擊將軍宣州都督後云使檢校工部尚書兼御史大夫裴押張魏公宣撫川陝便宜封爵諸神本

此

諸神生日

宋王逵蠡海集云神明誕降以義起者也玉帝生於正月初九日者陽數始於一而極於九原始要終也元帝生於三月三日一生二二生三三生萬物水之氣天一至三而始盛也東嶽生於三月二十八日者天三生木地八成之含兩儀之氣於其中也二十八日者四七也四七乃少陽位也九天生於六月二十四日六爲陰數四六二十四老陰之策也老陰變少陽故應於雷神也又云少陽生物之數起於七四營而爲二十八三乃東

方木之生九乃西方金之成故三月二十八日爲東嶽生辰九月二十八日爲五顯生辰蓋金爲氣母五顯者五行五氣之化也

三十三天

因本經須彌山半四萬二千由旬有四天王天須彌山頂爲帝釋天上一倍爲夜摩天上爲兜率陀天化樂天他化自在天梵衆天梵輔天大梵天少光天無量光天光音天少淨天無量淨天徧淨天福生天福愛天廣果天無想天無煩天無熱天善見天善現天色究竟天無邊空處天無邊識處天無所有處天非想非非想處天

凡二十八天四天以下又有日月星宿天常憍天持鬘天堅首天凡三十二種所謂三十三天者卽帝釋天宮也

三清

唐段成式酉陽雜俎云三界外曰四人天四人天外曰三清三清之上曰大羅天大羅之上又有九天

道書云聖登玉清眞登太清仙登上清見太眞經

明史禮志云佛生西方竺國宗其教者以本性爲法身德業爲報身并眞身爲三其實一人耳道家以老子爲師朱子有云玉清元始天尊旣非老子法身上清靈寶

道君又非老子報身設有二像又非與老子爲一別自
爲太淸太上老君蓋倣釋氏而又失之者也

三淸衆聖

唐楊鉅翰林學士院舊規道門靑詞例云謹稽首上啟
虛無自然元始天尊太上老君三淸衆聖

元始天尊

宋晁氏讀書志云度人經三卷元始天尊說唐志有其
目古書也道家云元始天尊生於太元之先姓樂名靜
信常存不滅每天地開闢則以祕道授諸仙謂之開劫
度人其學有授籙之法名曰齋有拜章之儀名曰醮又

有符咒服餌及存想導引之方烹鍊變化之術其類甚衆

隋書經籍志云有元始天尊生於太元之先稟自然之氣常存不滅每至天地初開或在玉京之上或在窮桑之野授以祕道謂之開劫度人然其開劫非一度矣故有延康赤明龍漢開皇是其年號其間相去經四十一億萬載

唐白居易有元始天尊贊云元聖何在天上天

元始天王　元始十天王

太平廣記卷三引漢武內傳云此元始天王在丹房之

中所說微言又引云敢告劉生爾師主是眞靑童小君太上中黃道君之師眞元始十天王入室弟子也

晉葛洪枕中書云昔二儀未分已有盤古眞人天地之精自號元始天王又云元始天王與太元聖母通氣統精元始君經一劫乃一施太元母天皇十三頭地皇十一頭人皇九頭皆其所生

陰陽使者

史記封禪書云陰陽使者以一牛

梁任昉述異記云吳楚間說盤古氏夫妻陰陽之始也

均案此說與枕中書合是陰陽使者亦即元始天王

太上老君

隋書經籍志云元始天尊所度皆諸天仙上品有太上老君太上丈人天眞皇人五方天帝及諸仙官轉共承受

舊唐書經籍志丙部有太上老君玄元皇帝聖紀十卷

老子

宋董思靖道德經集解序說自注引道藏玄妙玉女內傳其略云玉女自玄天降爲天水尹氏女適李靈飛老君於殷陽甲十七年乘日精化流珠入玉女口中已而孕歷八十一年以武丁九年降誕文王爲西伯時召爲

守藏史

無央聖衆

國朝宋長白柳亭詩話云陳陶朝元引無央鸞鳳隨金母曹唐小游仙無央公子停鸞轡道書無央即竺典無量之義元始天尊說經一徧無央聖衆從空而至

黔嬴

楚辭遠遊云召黔嬴而見之兮王逸注問造化之神以得失洪興祖補注大人賦云左玄冥而右黔雷注云黔嬴也天上造化神名或曰水神史記作含靁黔具炎切

昊天上帝

周禮大宗伯以禋祀祀昊天上帝鄭司農注昊天天也上帝玄天也均案此注分四字爲兩項

太平御覽卷二引五經通義曰神之大者曰昊天上帝原注卽耀魄寶也均案此合四字爲一項

玄天上帝非今之眞武

周禮大宗伯以禋祀祀昊天上帝司農注上帝玄天也

又典瑞旅上帝注云上帝玄天均案此蓋五帝中北方黑帝曰汁光紀汁一作叶月令之其帝顓頊其神玄冥漢高祖所立黑帝祠曰北時也

玉皇君　東王公　東王父　木公

太平廣記卷一引仙傳拾遺曰木公亦曰東王父亦曰東王公蓋青陽之元氣百物之先也亦號玉皇君

天門三將軍

宋宋敏求春明退朝錄曰張尚書安道言嘗收得道家奏章圖其天門有三人守衞之皆金甲葛將軍掌旌周將軍掌節其一忘記嘉祐初仁宗夢至大野中左右侍衞皆不見遙望天際有旛幢車騎乘雲而至輟乘以奉帝帝問何人答曰葛將軍也送帝至宮闕乃寤詔令宮觀設像供事之

道書云三官俱周幽王諫臣一曰唐宏一曰葛雍一曰

周寶

三天金闕門下

國朝陸鳳藻小知錄云三天門下泰元都省張天師居之天樞省許眞君居之天機省葛仙翁居之

三天法師

晉葛洪枕中書云張道陵爲三天法師統御六虛數侍金闕太上之股肱治在廬江均案靈寶本元經三清境玉清太清上清也亦名三天

唐葛周三眞君

潘紹詒光緒處州府志云唐葛周廟在宣平縣西楓楪

山三神乃周厲王時三諫官王失政累諫不聽棄官奔吳及厲王崩宣王立三官復歸王以輔導太子有功遷秩山東兗州而國大治三官沒王始以孚靈威靈決靈侯爵等號封之至宋眞宗祥符元年封太山至天門忽見三神人又加封焉昔宣和二鄉苦旱求雨有見神者曰吾願卽榣㰁山爲家濟爾雨澤後建祠祀之祈禱卽應今山東青登二府並有祠登州志載唐諱宏葛諱薙周諱武皆靈驗（均案道書作周諱實又厲王作幽王）

三聖廟（卽護國旌忠廟）

陸游嘉泰會稽志云護國旌忠廟在子城內當嘡寇作

是邦得三聖陰祐遂建廟紹興元年宣撫處置使張奏
據吳玠陳請乞於鳳翔府和尚原立三聖廟賜額旌忠
封忠烈靈應王忠顯昭應王忠順某應王所至廟祀一
用是額

四聖廟

宋王明清揮麈後錄云上爲康王再使虜中欲就鞍時
二后洎宮人送至廳前有小婢招兒者見四金甲神狀
貌雄偉各執弓劍擁衞上體婢指示衆雖不見然莫不
畏肅后卽悟曰我事四聖香火甚謹必其陰助
明姚宗儀常熟私志云四聖廟祀北極天蓬蒼天上帝

北極天猷丹天上帝北極翊聖皓天上帝北極佑聖玄天上帝

北極佑聖神威玄天上帝

明史禮志云宏治元年尚書周洪謨議引圖志曰眞武爲淨樂王太子修鍊武當山功成飛昇奉上帝命鎭北方披髮跣足建皁纛旗（均案本名玄武宋大中祥符中避國諱改爲眞武）

元吳自牧夢粱錄卷二云三月三日北極佑聖眞君聖誕之辰

明姚宗儀常熟私志云雷部後殿奉北極鎭天眞武佑聖眞君玄天神威上帝聖父淨樂天君明眞上帝聖母

善勝天后瓊眞上仙均案俗稱眞武殿爲祖師殿

黟縣志云宋元豐間詔封佑聖爲眞武靈應眞君靖康元年加號佑聖助順眞武靈應眞君元成宗大德七年加封眞武爲元聖仁威玄天上帝明永樂十三年建祠祀北極佑聖眞君宏治改祠爲廟正德初改爲靈明顯佑宮又專官督祀於武當山成化時範金爲像

附佑聖咒

太陰化生　水位之精　虛危上應　龜蛇合形

周行六合　威攝萬靈　無幽不察　無願不成

劫終劫始　剪伐魔精　救護羣品　家國咸甯

數終永甲　妖氛流行　上帝有敕　吾因降靈
闡揚正法　蕩邪辟精　化育黎兆　協輦中興
敢有小鬼　欲來見形　吾目一視　五嶽摧傾

龜蛇二將

周官考工記輈人職云龜蛇四斿以象營室鄭注營室元武宿與東壁連體而四星（均案手持皁旗即從斿字生出）唐段成式酉陽雜俎云朱道士者太和八年游廬山憩於澗石見蟠蛇如堆繒錦俄變爲巨龜訪之山叟云是玄武

宋中興天文志云石氏云北方黑帝其精玄武爲七宿

斗有龜蛇蟠糾之象

明祁駿孫遯翁隨筆卷下云宣和四年北方用兵見玄武神於雄州有龜如錢有蛇若筯宣撫使拜請以銀匳貯之俄而二物俱死此兵敗士死之兆

青龍白虎神

宋范致能岳陽風土記云老子祠有二神像所謂青龍白虎也祥符八年二月雷震白虎西北楹上有倒書謝仙火三字問零陵何仙姑曰謝仙雷部火神也

明姚宗儀常熟私志敘寺觀篇云致道觀山門二大神左爲青龍孟章神君右爲白虎監兵神君

三官 天官　地官　水官

後漢書劉焉傳注引卽悅三國典略曰熹平時漢中張角爲五斗米道以符咒療病其請禱之法書病人姓氏說服罪之意作三通其一上之天著山上其一埋之地其一沈之水謂之三官手書使病者家出米五斗以爲常均案此三官分天地水之始

宋史方技傳苗守信上言三元日上元天官中元地官下元水官各主錄人善惡均案此三官分三元見於史之始

道書云正月十五日上元九炁天官主錄百司上詣天闕進呈世人罪福之籍上元十天靈官神仙兵馬與上

聖高眞妙行眞人下降人間考定罪福中元九地靈官下元水府靈官亦然上元中元下元皆大慶之月也長齋誦度人經則福及上世身得與神仙並又云三官俱周幽王諫臣見天門三將軍條

宋宣和畫譜載大歷中周昉有三官像圖

宋鄭樵通志載有三元醮儀一卷

國朝翟灝通俗編祝誦門引梁元帝旨要云上元爲天官賜福之辰中元爲地官赦罪之辰下元爲水官解厄之辰

南斗延壽司

無錫金匱合志云南斗星君廟俗稱延壽司在東門外康熙間建　御賜光耀南天額

北斗　斗姥

宋洪邁夷堅志穆次裴鬬雞條載穆度事云夢爲二皁衣追去行無人之境遇冠金冠七道人皁衣黑帶拱立於側七道人者實北斗七星靈化

又聞人氏事斗條載聞人堯民常時敬事北斗盜竊其劵獲之太守詰之對曰方上路便見一人隨後長身被髮稍前進漸添成七人

國朝姜紹書韻石齋筆談卷下云相傳句容崇明寺僧

欲延請名流書經有全眞七人至寺俱渥顏飄丹風度沖遠謂僧曰吾能書此何必倩人主僧允之扃閉之一室至明啟扉閱其無人止有七鴿沖霄而去剗藤貝葉繕寫無遺鋒穎端莊如出一手始悟北斗神顯化建齋以謝

漢書藝文志雜占類有禳祀天文十八卷　吳志周瑜傳命道士於星辰下為之請命（按即今禮斗之法）

安徽懷甯縣志云龔掞一少讀書於黃梅山之天池庵嘗過長安嶺有少婦隨行風雨猝至龔以雨蓋贈婦冒雨自歸次日天霽獨坐荒寮婦欵扉入含睇宜笑備極

狎暱襲略不起意久之婦告去曰君正人也可代天宣化矣龔闔門則昨所贈蓋在焉張之得素書一卷皆上清符籙驅雷役電之事乃悟婦人爲斗姥後歲大旱龔稍以其術試之果得甘雨自是每遇蘊隆鄉之人爭走焉輒應沒因祀爲雨師雩禱不絕

二十八宿姓

唐段成式酉陽雜俎貝編篇云昴爲首一夜行三十一有六字時形如剃刀姓轢耶尼祭用乳屬火屬畢形如笠又木祭用鹿肉祭頗羅墮　觜屬日一無日字月之子姓毗梨佉耶尼形如鹿頭祭用果　參屬日天姓婆斯絺形

如婦人黶祭用醍醐　井屬日姓同參形如足跡祭用粳米和蜜　鬼屬木姓炮波羅毗形如佛胷祭同井柳屬蛇姓祭與參同形如蛇　星屬火形如河岸姓賓伽耶尼祭用烏麻　張屬福德天姓翟曇彌形祭同井翼屬林天姓憍陳如祭用黑豆形同上　軫屬毗沙梨帝形如人手姓迦遮延祭用蕎稗　角屬喜樂天姓質多羅形如上祭用花　亢姓迦旃延祭用菉豆　氐姓多羅尼以花祭　房屬慈天姓阿藍婆形如瓔珞祭用酒肉　心屬忉利天姓迦羅延形如大麥祭用粳米尾屬臘師天姓遮耶尼形如蝎尾祭用果根　箕屬

清淨天姓持义迦形如牛角　斗姓莫迦邏形如人拓石祭如井　牛屬梵天姓梵嵐摩形如牛頭祭如參　女屬毗紐天姓帝利迦遮耶尼形如心祭以鳥肉　虛姓同翼形如鳥祭用烏豆汁　危姓單羅尼形如參一日心祭以粳米　室屬蛇頭天蝎天之子姓闍浮都迦祭用血　壁姓陁難闍　奎姓阿瑟吒祭用酪　婁屬乾闥婆天姓阿含婆形如馬頭祭用大麥　胃姓馱伽毗形如鼎足

國朝錢曾讀書敏求記云梁令瓚五星二十八宿神形圖一卷相傳此冊從唐本繪畫偶閱方于魯墨譜見其

圖列宿四與此像適合知于魯之考核亦精也又云二十八宿形圖一卷二十八宿朝爲本形畫暮變互爲他物

文昌神

翟灝通俗編曰愚謂文昌神與梓潼神別非張亞亦非張仲蓋蜀文翁也蜀志秦宓傳云蜀本無學士文翁遣相如東受七經還教吏民於是蜀學比於齊魯漢家得士盛於其世夫能移風易俗非禮所秩有益於世者乎宜立祠堂又云蜀有汶阜之山江水出焉帝以會昌神以建福世俗流傳斯語遂牽傅帝以會昌之語合文翁

之姓以神以建福之語合祠堂之事更以創禮殿之梓潼文君牽混文翁爲一人是以號之曰文昌梓潼帝君學官自文翁創始成都漢武因之令天下郡國皆立學校其制得不絕至今文翁固不愧斯文主也朱竹垞則謂九歌之少司命卽星經所云司命二星在虛北司祿二星在司命北九歌之大司命則文昌之第四星也古之祀文昌者司中司命今之號爲帝君者蓋司祿也王宗沐續通考景泰五年敕賜梓潼爲文昌宮明宏治中尚書周洪謨等議祀典云梓潼顯靈於蜀廟食其地爲宜文昌六星與之無涉宜敕罷嘉靖中倪文毅請正祀典疏亦本周洪謨說謂

文昌之星與梓潼無干乃合而爲一誠出附會乞罷祀

梓潼帝君張亞子 卽英顯武烈王及張相公

常璩華陽國志云梓潼縣有五婦山故蜀五丁士拽蛇奔山處有善板祠一曰惡子民歲上雷杼十枚歲盡不復見云雷取去

孫光憲北夢瑣言曰 此條今佚見太平廣記 梓潼縣張蝁子神乃五丁拔蛇之所也或云嶲州張生所養之蛇因而立祠時人謂爲張蝁子其神甚靈 均案圖志云神墓在梓潼縣東二十里其廟先號九曲因梓潼水來朝九折而去後號七曲又四川通志曰五婦山七曲山皆在梓潼縣北二山相聯

明姚宗儀常熟私志云文昌司祿梓潼帝君卽張蝁子

宋延祐三年封輔元開化文昌司祿宏仁帝君（均案建炎以來累封神文聖武孝德忠仁王）

和州志云三月三日祀梓潼神九月九日再祀

太平寰宇記曰劍州梓潼縣濟順王張惡子晉人戰死而廟存唐僖宗廣明二年幸蜀神於利州桔柏津見封爲濟順王親幸其廟解劍贈神（均案宋咸平中討王均之亂改封英顯王）

曹學佺蜀郡縣古今通釋曰梓潼縣蜀古志云禹於尼陳山伐梓其神化爲童子漢所爲名縣也此語出翰墨全書方輿勝覽引之

李商隱張惡子廟詩下馬捧椒漿迎神白玉堂如何鐵

如意獨自與姚萇徐樹穀箋曰梓潼灌井射洪號爲三神宋井度有蜀三神祠錄馮浩注引後秦錄曰初萇游至梓潼嶺見一神人謂之曰君蚤還秦秦無主其在君乎萇請其姓氏曰張惡子也至萇稱帝卽其地立張相公廟祀之又引梓潼化書第七十五化云往關中與姚萇爲友久之予厭處凡世歸蜀峯後萇以龍驤將軍使蜀至鳳山訪予予假以鐵如意祝之曰麾之可致兵萇疑予予爲之一麾戈盾戎馬萬餘列之平坡令試兵壩是也後萇以苻堅死卽帝位又補注引明一統志曰神越巂人因執母仇徙居於梓潼自秦伐蜀以後世著靈

應

髙文虎蓼花洲閒錄曰祥符中西蜀二舉人至劍門張惡子廟祈夢夢神授以來歲狀元賦以鑄鼎象物題至御試御題果出鑄鼎象物題韻腳盡同思廟中所書一字不能上口草草信筆而出及唱名皆被黜狀元乃徐奭也既見印賣賦比廟中所見者無一字異

陸心源重刻宋本夷堅乙志卷五云成都人羅彥國累試不第既四舉齋戒乞夢梓潼神夢蔡魯公謂曰已奏除公樞密直學士矣次年省試又下乃以累舉恩得密州文學犀浦人邵允蹈紹興七年被鄉薦亦乞夢於神

夢神告曰已與卿安排甲門高第矣及類試果爲第一乃刻石紀於廟西廡後罷眉州幕官赴調臨安舟行至閘口鎭病死始驗甲門之語蓋閘字也

又甲志十八云王龍光字天寵資州人入京赴上舍試過劒州梓潼縣七曲山謁英顯武烈王廟（原注俗呼爲張相公廟）夢一人持牓正面無姓名紙背乃有之又有持席帽蒙其首者覺而喜謂士人登第則戴席帽是歲免省不逮但補升內舍次舉當政和八年方登科乃悟紙背之說時方禁以龍天君玉王主等爲名字唱第之日面賜名寵光頭上加帽蓋謂是云

又丁志卷八云何文縝丞相初自仙井來京師過梓潼欲謁張王廟而忘之行十里始覺亟下馬還望默禱再拜是夕夢入廟廷神坐簾中投文書一軸於外發視之全類世間告命亦有詞語覺而記其三句云朕臨軒策士得十人者今汝褎然爲舉首後結銜具所授官何公思之廷試所取無慮五百而言十人殆以是戲我也及唱第果魁多士第一甲元放九人旣而傳宸卿以省元升甲遂足十數蓋夢中指言第一甲也所得官正同

魁星

史記天官書云斗魁戴匡六星曰文昌宮均案魁者首也尚書璣厥

渠魁曲禮不爲魁史記游俠傳閭里之俠原涉爲魁皆其義祀文昌并祀魁星者冀得元首耳

宋周密癸辛雜志云太學先達歸齋各有光齋之禮狀元則送鍍金魁星杯柈一副

元劉壎隱居通議云淳熙中殿試進士有鄧太史者告周益公魁星臨蜀臚傳先一日又告夕有震雷魁星自蜀移照吳分及期上忽以第一卷與第二卷互易之吳人果第一蜀人第二

明陸深儼山外集云天順癸未會試京邸戲爲魁星圖貼於座右無何失去時陸鼎儀寓友人溫氏出以爲翫惘然問所從來云昨倚門見一兒持此以果易之予嘿

以爲吾二人得失之兆矣
國朝施鴻保閩雜記云龍巖州士人皆戒食蛙七月七日爲魁星誕必買大者祀而放之池中初不甚解後讀史記律書北至於奎徐廣曰奎一作畫卽蛙字也乃知因此而誤均案和州志亦云七月七日祀魁星

文曲星　武曲星

國朝蔣超伯麗滮薈錄云斗第四星爲文曲卯酉生人所屬斗第六星爲武曲丑未生人所屬

朱衣神

和州志云十月十三日祀朱衣神

宋趙德麟侯鯖錄云歐陽公知貢舉常覺座後有一朱衣人點頭者然後其文入格因語同列三歎嘗有句云文章自古無憑據惟願朱衣暗點頭

柳子文同文唱和詩徒勞爭墨榜須信有朱衣自注朱衣吏事見登科前定錄

天聾地啞

宋王逵蠡海錄云梓潼文昌君從者曰天聾地啞蓋不欲人之聰明用盡故假聾啞以寓意夫天地豈可以聾啞哉

九天應元雷聲普化天尊

陸心源重刻宋板夷堅丙志卷六云吳人周舉建炎元年自京師歸鄉里時中國受兵所在寇盜如織舉遇星冠羽服人謂曰子明日當死於兵刃能誦十字經不唯免死亦能解厄延壽舉跪以請云九天應元雷聲普化天尊十字是也拜而受之明日果遇盜逼逐至林間窘懼次猛憶昨語亟誦一聲猶未絕口雷聲大震羣盜驚走遂得脫

雷廟 互見雷神

國朝錢塘戴熙習苦齋詩集卷五謁雷廟十二韻序云神姓陳氏名文玉海康人唐時爲海康刺史 均案黔縣三志作陳

時雷州人見嘉慶元年兩廣總督擢
有功德於民民祠祀勿衰今雷州陳
氏皆陳裔子孫相傳神靈卵而生歿後數著靈異嘗助
梁兵平黎廟中石人銅鼓爲神靈蹟云

雷部

明姚宗儀常熟私志云致道觀雷部前殿列律令大神
鄧元帥銀牙耀目辛天君飛捷報應張使者左伐魔使
苟元帥右伐魔使畢元帥火犀雷府朱天君糾伐靈官
王天君黑虎大神劉元帥魁神靈官馬元帥朗靈上將
關元帥雷公江使者名赫冲電母秀使者名文英又雷尊殿
在招眞治道房內奉九天應元雷聲普化天尊九天雷

祖大帝

五雷

太平廣記三百九十四引神仙感遇傳云雷公兄弟五人要聞雷聲但喚雷大雷二郎相應雷五性剛燥無危急之事不可喚之

國朝范纘格致鏡原引張七澤曰白玉蟾謂陰陽之氣結而成雷有神主之曰神霄眞王雷有五曰天雷水雷地雷神雷社雷或曰風雷火雷雲雷蠻雷或又曰天雷地雷水雷神雷妖雷天雷箕星掌之地雷房星掌之水雷奎星掌之神雷鬼星掌之妖雷婁星掌之

雷神

宋洪邁夷堅志雷州雷神條有張欽夫栻湻熙丙申牒雷州雷王廟問何時當雨事又熊雷州條云邁在西掖曾行雷神加封制廟曰顯震神曰威德昭顯王

漢書司馬相如傳云召濿翳誅風伯刑雨師應劭曰屏翳天神使也韋昭曰雷師也

楚辭離騷吾令豐隆乘雲兮王逸注豐隆雲師一曰雷師

開元占經石氏中官占引石氏云五車東南星名曰司空其神名曰雷公西南星名曰卿其神名曰豐隆均案淮南

天文訓云季春三月豐隆乃出以降其雨

雷公

論衡雷虛篇云畫工圖雷之象纍纍如連鼓形又圖一人若力士之容謂之雷公使之左手引連鼓右手推錐其意以爲雷聲隆隆者連鼓相叩擊之意也其魄然若敼者椎擊之聲也世人信之莫不謂然

元史輿服志云雷公旗畫神人大首鬼形白擁項朱犢鼻黃帶右手持斧左手持鑿運連鼓於火中

明都卬三餘贅筆云易震爲雷爲長男陽也而雷出天之陽氣故云公

雷鬼

陸刻夷堅丙志卷七云上官彥衡侍郎家居揚州夫人楊氏白晝在堂中與兒女聚坐忽雷雨大作奇鬼從空隕於地長僅三尺許面及肉色皆青首上加幘如世間幞頭乃肉爲之與額相連顧見人掩面如笑旣而觀者漸衆笑亦不止頃之大霆激於屋表雲霾晦冥不辨人物倏爾乘空而去

又丙志十九云紹興二年四月婺州義烏縣驟雨大雷電中墜一青布頭巾於村落間非復人世頂製惟四直縫之持以冐三斗水甕正可相稱帶長三四尺闊如掌

村民不敢留以寘神祠中數日因雷雨復失去

又丁志卷八云南豐縣押錄黃伸家因大雨墮雷媪於庭擾擾東西蒼黃失措髮茁然赤色甚短兩足但三指大略皆如人形良久雲氣斗暗震電閃爍遂去不見

電母

元史輿服志云電母旗畫神人爲女子形纁衣朱裳白袴兩手運光

國朝周春佛雅云四方電王東方阿揭多一曰東方電謂之阿伽曩南方阿甀嚕一曰南方電謂之舍多嚕西方主多光一曰西方電謂之放光明北方蘇多末尼一曰北方電謂之爍那麼尼

明都卭三餘贅筆云易離爲電爲中女陰也而電出地之陰氣故云母

風伯　風師

周官大宗伯以標燎祀司中司命飌師雨師

韓非子十過篇云風伯進埽雨師灑道

楚辭離騷篇云後飛廉使奔屬王逸注云飛廉風伯也

廣雅釋天云風師謂之飛廉

曹植洛神賦云屏翳收風詰咎文云屏翳司風

太平御覽十一引龍魚河圖云太白之精下爲風伯之神主司刑

雨師

楚辭天問篇云蓱號起雨王逸注蓱萍翳雨師名也案均
文選洛神賦注引虞喜志林亦以爲雨師
然王注雲中君篇又云雲神一曰屏翳
蓱亦作荓廣
雅釋天云雨師謂之荓翳

雲師

九章云願寄言於浮雲兮遇豐隆而不將又司馬相如
大人賦云貫列缺之倒景兮涉豐隆之滂濞揚雄河東
賦云雲霏霏而來迎兮澤滲灕而下降鬱蕭條其幽藹
兮滃汎沛以豐隆皆以豐隆爲雲

霜雪神

淮南子天文訓至秋三月青女乃出以降霜雪高誘注青女天神青霄玉女主霜雪者

謝仙

宋王得臣麈史云治平中予令岳州巴陵州有岳陽樓樓上有石倒刻謝仙火三字其序述慶歷中華容縣一日晦冥震雷已而殿柱有此太守滕公宗諒子京問永州何仙姑答以雷部中神昆弟二人並長三尺鐵筆書之孫載積中宰吳興德清新市鎮覺海寺殿宇宏壯唐時所建巨材髹漆積久剝落見倒書跡曰謝均李約收利火十餘字與岳陽字大小一同積中因曰夫伐木於

由者其火隊既衆則各刻其名以爲別耳凡記木必刻於本本營建法在下故倒書由是知仙姑之妄也已見青龍白虎神條

火祖

漢書五行志云帝嚳時有祝融堯時有閼伯氏民賴其德死則爲火祖

火德之神

黟縣三志引太常紀要云明天啟元年三月命太常寺官以六月二十三日祀火德之神著爲令

淩霄女

國朝許纘曾滇行紀程云沅州火神不祀祝融而祀淩霄女一不虔則神女立遣火鴉銜火丸置茅屋之上兩翅扇風發火故多火災

葛天君

義陵無我子劉體恕編呂祖全書三十二載葛天君誥云大聖大神大悲大願九天宣化總司五雷監正仙籍功過黜陟統帥江湖行雨龍王佐化宣道神君萬法玄通天尊原注天君諱明揚爲呂祖涵三主將清微三品告成同受元始誥命晉秩佐化宣道之職

辛天君

國朝顧祿淸嘉錄曰六月二十五日爲辛天君誕辰謂天君爲雷部中主簿神凡奉雷齋者至日皆茹素以祈神祐又月之辛日及初六日俗呼三辛一板六不御葷謂之辛齋

王靈官

國朝華亭董含三岡識略云府治東大吳橋有楊冠者以肩輿爲業其妻午日生一子三目額有兩角中一目尚未開如道家所塑王靈官狀冠驚駭殺而瘞之是夕夢一金甲神數之曰予以微罪偶謫凡間託生汝家何忍[illegible]殺今秋必有報汝未幾夫婦俱爲亂兵所害冠係

第五叔父士餘輿夫云目擊之人又詳薩眞人條下

明史禮志云隆恩眞君者玉樞火府天將王靈官也宋徽宗時嘗從薩守堅傳符法永樂中以道士周思得能傳靈官之法乃於禁城西建天將廟宣德中改封眞君均案封隆恩眞君

五顯靈官

陶及申筆獵云天官書有五帝內座月令以帝爲太皞炎帝少昊顓頊之屬而配以句芒之神實司五行故神所服各繪其方之色焉或曰五行者水火木金土與穀爲六府有國者之大用也祀神以五報其所自亦等乎

里社土穀故其號特避帝而稱聖聖也者其諸神之通謂也明興釐定祀典南京十四廟有五顯靈官秋季致祭此神祀所由著沿及郡縣迨於民間而不知者且以五通例之則妄甚矣又案顯聰昭應孚仁廣濟王顯明昭烈孚義廣祐王顯正昭順孚智廣惠王顯直昭佑孚信惠澤王顯德昭利孚愛廣成王皆以端午日為誕生均案明史南京有五顯靈順廟每歲四月八日九月二十八日遣太常寺官致祭

宏治徽州府志曰淳熙元年改封五通神侯爵為公曰顯應公顯濟公顯祐公顯靈公顯盛公嘉泰二年進封王爵曰顯聰王顯明王顯正王顯直王顯德王後更遞

加至八字王均案佛書謂之華光如來

　永寍昭惠衛國保民五聖顯應靈官

王棐光緒黃巖志靈濟廟在永利橋之西舊名橋亭神姓柴婺源人兄弟五人相傳齊永明中避亂獵於聖堂山能扼虎邑令蕭景恐其生亂諭遣之後復至狂叫山谷中云吾五聖也能爲地方捍災禦患言訖列坐聖堂巖下啗松柏三日而殂是後每鬭山間有鼓譟聲梁天監癸未邑大疫五人復騎虎現聖堂山巔一村遂無恙邑令陸襄奏之封永寍昭惠衛國保民五聖顯應靈官乙丑立廟聖堂唐寶應壬寅州賊袁晁反見神列五幟

於永寧江尉賊驚遁刺史李光弼奏賜今額郲廟於永利橋直河北南臨孔道有郭朝奉者五十無子與妻郝氏禱於廟元和庚寅夫妻夢衣黃者五人告曰吾與汝鄰汝宅跨河面卧虎神祠當無嗣與吾宅吾與汝子郭疑未決一夕就寢見大蛇五采文向郭若有所求遂捨宅於廟卽今址也後生子昭文官至御史中丞宋開禧二年火遍檐梠竟踰河而南有梳廟居者抱一神像置於室火亦不犯人傳以為異元延祐間宮殿火帝夢雲際有五神人執五大瓢滴水救止且下告曰臣柴某兄弟五人原籍婺州今受廟食於黃巖宮殿火發敢不奔

救覺使跡其事立廟封五聖侯王

上方山五顯本顧姓

國朝顧祿清嘉錄曰神姓顧陳黃門侍郎野王之五子當黃門建祠翠微之陽并祠五侯見元初石函小譜及崇禎間五陵小史明初號五顯靈順廟曰顯聰顯明顯正顯直顯德姑蘇上方山香火尤甚均案明顧錫疇黃門祠碑記曰公墓在楞伽山側子五侯從祀於山之陽

國朝顧陳垿無益之言曰嘗度仙霞嶺後經一嶺名五顯嶺嶺有五顯廟極整麗黃門子孫世居光福吳郡乃五侯父母之邦而楞伽俗呼上方尤五侯正首之邱也

妖由人興遂淫昏相憑奸愚互惑云云（均案据此是康熙二十五年江蘇巡撫湯文正公奏燬五通五顯五方賢聖諸廟及像皆淫鬼所附者也）

德興五顯姓林

坊刻夷堅志（林劉舉登科夢條）云林劉舉登科注德興尉謁五顯廟知爲祖祠又（周沅州神藥條）云德興五顯廟本其神之發蹟處第四位神顯靈昭濟廣順公素好道齋戒專務施藥以積陰功又（吳呈俊條）云以五顯公事狀申江東運司云云又（胡十承務條）云有五士人來見不通姓名一曰君勿疑我輩非世間人蓋五顯公也

三茅眞君

宋太宗及眞宗封上茅九天上卿司命太元妙道沖虛聖佑眞應眞君中茅地仙上眞定錄右禁至道沖靜德祐妙應眞君下茅地仙至眞三官保命微妙沖慧神佑神應眞君

史記秦始皇本紀正義引茅盈內紀云始皇三十一年九月庚子盈曾祖父濛於華山乘雲駕龍白日昇天先是其邑謠曰神仙得者茅初成駕龍上昇入太淸時下玄州戲赤城繼世而往在我盈帝若學之臘嘉平始皇聞謠欣然有尋仙之志因改臘曰嘉平

梁書陶宏景傳句容之句曲山恆曰此山下是第八洞

名金壇華陽之天周回一百五十里昔漢有咸陽三茅君得道來掌此山故謂之茅山

元史世祖紀以三茅上清四十三代宗師許道杞祈禱有驗命別主道教

太平廣記五十六引漢武內傳曰宣帝地節四年乙卯咸陽茅盈字叔昇受黃金九錫之命爲東嶽上卿司命眞君又曰封其弟固爲定錄君衷爲保命君

明姚宗儀常熟私志云盈祖喜字世倫仕秦莊襄王爲廣信侯父祚字彥英盈年十八入恆山學道夢太玄玉女指西城王君爲師覺而訪王君於洞臺王君謁西王

母青琳宮盈從母曰何乃挾生人登靈臺不亦勞乎王君笑不答因目盈再拜乞長生術母乃賜玉佩金璫之道太極玄眞之祕盈拜受之仍命百年求我於南嶽將授汝仙任於吳越辭歸時年四十九父祚尚在怒曰子不養親逐妖遠出杖之杖自折數段飛空中父言汝得道能起死人乎盈起數冢皆活遠近神之仲弟固字季偉漢景帝時舉孝廉累遷武威太守季弟衷字思和宣帝地節二年轉西河太守各之任里老相送數百人盈曰明年四月三日吾亦當之官諸君能相送乎至期登羽車浮空去二弟乃棄官見兄東山盈敕王君重賜玉

液丹芝朝見太虛眞人請地仙三眞之策是以兩弟皆有眞人之號

國朝趙懷玉亦有生齋文集書蔣經元遺事云經元素事茅君每歲必禱句曲相傳神有玉印恆什襲之人弗敢啟有齋虔而往衣袂間輒得印朱文燦然即被印者亦不覺經元一衣累得十六印遂以此衣斂母

陸刻宋板夷堅丁志卷四云王筌字子眞鳳翔陽平人元符三年游茅山先是中峯石洞忽開眞誥所謂華陽洞天便門者也一閉千歲矣又甘露口降道士劉混康曰必有異既而筌乃來受上清籙是夕仙樂聞於空浮

之上留踰歲晝夢二天人與黃衣從者數百乘擁白虎來迎跨虎而行登危躡險由中峯入石洞向所開便門顧視左右金庭玉堂兩青衣童入通見茅君再拜謁君問勞甚厚曰帝已赦汝華陽洞天司命府丞因賜金尺以還及寤別混康曰吾數將盡且有所授從此逝矣下投道人葛沖曰敢以死累公預言八月十七日將解化及期具衣冠端坐而卒時建中靖國歲春秋才六十一

均案此事前半在海蟾子條

許眞君　即九天都仙大使

太平廣記六十二引集仙錄曰元慶二年壬子八月十

五日太上命玉眞上公崔文子太玄眞卿瑕邱仲冊命
徵拜許遜爲九州都仙大使高明主者均案夷堅志吳琦事眞君條云命畫工劉生繪九州都仙太史高明大使像是當時不稱眞君
明姚宗儀常熟私志云許眞君名遜字敬之汝南人弱
冠師大洞眞君吳猛授三淸法舉孝廉拜蜀旌陽令以
晉亂與吳同游江左偕郭璞謁王敦敦曰昨夢一木破
天何祥也遜曰一木破天是未字明公未應其數璞筮
亦曰事必無成遂殺璞許與師隨隱遁至廬江召舟師
過鍾陵辭無舟人許曰第具舟吾自能行爾勿窺我舟
師如言但聞搖撼木葉聲潛視見二龍在紫霄峯頂許

已知遂娶舟去舟今現在後在豫章遇一少年自稱愼郎許知爲蜃精念江西頻遭水患欲除之謂弟子施太玉曰（均案太平廣記十四引十二眞君傳作施大王下同）我將鬬於洲北彼爲黃牛我爲黑牛汝當助我俄頃二牛奔逐太玉劍刺黃牛左股入城西井中黑牛隨入先是愼郎在潭州贅刺史賈玉女嘗旅游載寶歸至是空返云被盜傷許亦往謁賈曰聞得佳壻請一見愼辭疾許卽厲聲曰蛟精老魅焉得遁形蛟乃見本形斬於堂下後於太康二年八月初一日飛昇於洪州宋徽宗封神功妙濟眞君

唐段成式酉陽雜俎曰江東多蛇禍許師吳猛將除之

選徒百餘人至高安令具炭百斤度尺而斷之寘壇上一夕悉化爲玉女試惑其徒至曉吳猛視弟子無不湼其衣者唯許君獨無乃與許至遼江遇巨蛇吳年衰不能制許遂禹步敕劍登蛇首斬之

北嶽眞君

太平廣記七十引墉城集仙錄曰戚玄符者冀州民妻也三歲得疾而卒有道士過其門解黑符救之遂活曰我北嶽眞君也

沖虛至德遁世游樂眞君列子

舊唐書玄宗紀天寶元年號列子爲沖虛眞人宋晁公

武郡齋讀書志云宋眞宗景德四年加至德二字

宋史徽宗紀宣和元年封列子爲致虛觀妙眞君

元史順帝紀至元三年封列子爲沖虛至德遁世游樂眞君

南華至極雄文宏道眞君莊子

舊唐書玄宗紀天寶元年號莊子爲南華眞人

宋史宣宗紀宣和元年詔封莊子微妙玄通眞君

元史順帝紀至元三年封莊子南華至極雄文宏道眞君

通玄光暢昇元敏秀眞君文子

舊唐書玄宗紀天寶元年封文子爲通玄眞人均案又見禮儀志

元史順帝紀至元三年封文子通玄光暢昇元敏秀眞君

洞靈感化超蹈混然眞君庚桑子

元史順帝紀至元三年封庚桑子洞靈感化超蹈混然眞君

無上太初博文文始眞君尹眞人

元史順帝紀至元三年封尹眞人無上太初博文文始眞君

垂玄感聖慈化應御眞君徐甲

元史順帝紀至元三年封徐甲垂玄感聖慈化應御眞君

紫陽張眞人

方景濂康熙台州府志云宋張伯誠臨海人（均案赤城志作郡人）原名伯端字平叔爲吏在府辦事家送膳至眾以其所食魚戲匿之梁間平叔疑其婢所竊歸扑其婢婢自經死一日蟲自梁間下驗之魚爛蟲出也平叔乃惘然歎曰積牘盈箱其中類竊魚事不知凡幾因賦詩云刀筆隨身四十年是非非是萬千千一家溫飽千家怨半世

功名百世徳紫綬金章今已矣芒鞋竹杖任悠然有人問我蓬萊路雲在青山月在天賦畢縱火將所署槀卷悉焚之因接火燒文書律遣戍先是郡城有鹽顛每食鹽數十斤平叔奉之最謹臨別屬曰若遇難但呼祖師三聲卽解汝厄後械至百步溪天炎渃溪中遂仙去至淯熙中其家早起忽有一道人進門坐中堂叩其家事歷歷隨出門去人以平叔歸云百步嶺舊有紫陽眞人祠懸扁云紫陽神化處按天台山志載張伯端天台人嘗入成都遇眞人劉海蟾得金丹術歸萃成祕訣八十一首號悟眞篇曰平生所學盡在此矣年九十九趺坐

而化

薩眞人

國朝董含三岡識略卷四云我郡有史道人者自言傳薩眞人法能置獄刻鬼每登壇作法刺舌血書黑檄向空焚之幷呼靈官王善名罵詈不絕口余初見殊駭不知神將何故受此輩驅遣然道人性貪行污術亦不驗後偶見江湖紀聞一書載眞人名守堅蜀西湖人少有濟物志嘗學醫誤殺人因棄業遠游訪異人獲傳張虛靖天師法後法大顯曾經潭州州人聞神語曰薩提刑來日至次日薩攜笠過市有提刑點獄之牌人皆異之

至湘陰縣浮梁見土人用童男女生祀本處廟薩曰此等邪神速焚其廟言訖雷火飛空廟立毀但聞空中云願法官常如今日自後廟不復興後薩至龍興府江邊濯足見水有神影方面黃巾金甲左手曳袖右執鞭問曰爾何神也答曰我乃湘陰廟神王善被眞人焚吾廟相隨一十二載只候有過欲復前讎今功行已高職隸天樞望保奏以爲部將薩曰汝兇惡之神在我法中必損我法神立誓不敢背盟遂奏天帝收爲將一日諸將現形環侍曰天詔臨矣眞人卽起身立化後舉棺甚輕剖視已空矣眞人顚末如此乃庸俗黃冠動加呵叱何

也均案薩爲詩弃道士林靈素之弟子

尹眞人

宋太上老子道德經董思靖集解序說自注曰尹喜字公文盩厔縣神龍鄉聞仙里人也少好墳索善天文祕緯嘗結草爲樓仰觀乾象康王朝爲大夫後召爲東宮賓友昭王時因瞻紫氣西邁天文顯瑞知有聖人當度函谷關而西乃求出爲關令王從之至關乃曰夫陽數極九九星宿值金歲月並王法應九十日外有大聖人經過京邑先敕關吏孫景曰若有形容殊俗車服異常者勿聽過喜預齋戒使掃道焚香以俟是時老君以昭王

二十三年五月壬午駕青牛車薄版為箱䂊徐甲為御
將往開化西域至七月十二日甲子果有老人皓首聃
耳乘白輿駕青牛至吏曰明府有教願翁少留乃入白
喜即具朝服出迎叩頭邀之老君遜謝至三丹曰去冬
十月天理星西行過昴今月朔融風三至東方眞氣狀
如龍蛇而西度此大聖人之徵於是為留官舍設座行
弟子禮喜乃辭疾去官十二月二十五日奉邀老君歸
其家二十八日授以五千餘言至次年四月二十八日
於南山阜辭訣昇天戒以千日外尋吾於青羊之肆至
二十七年會於蜀李太官家是時諸天眾仙浮空而至

老君乃敕五老上帝等授喜玉冊金文賜號文始先生位爲無上眞人賜紫服芙蓉冠等從游八紘之外也文始眞君見本條

蓬頭尹眞人

無錫金匱志卷二十九釋道門明代云尹蓬頭宏治中嘗游金陵毘陵之間攜宋時度牒自言理宗時人尹從龍也至無錫止秦勵家或毒暑暴日中或嚴冬擁雪卧身腐穢多蟣蝨與同寢處三年後去不知所終

又云康山亦作穅山在沙頭南相傳尹蓬頭寓此上有迎仙亭

元應善利眞人王喬

陳耆卿嘉定赤城志三十一云元應善利眞人祠在天慶觀昊天殿東祀仙人王喬淳熙九年唐守仲友建初喬爲右弼眞人治桐柏山掌天台水旱五代時封元弼眞君國朝政和中封元應眞人祠初附桐柏紹興九年旱郡請通守李彙迎像以禱及境雨洽郡以聞加善利其後唐守以旱禱亦驗故祠之 均案唐仲友碑記引道書云王子晉治天台山桐柏福地坐金庭宮受五岳朝謁總御羣仙

蓑衣何眞人 附王瑤 何宗元 知淡

蘇州元妙觀有蓑衣眞人肉身相傳卽何立常熟致道

觀亦有蓑衣眞人祠宋岳珂程史云何本淮陽朐山人書生也祖執禮仕至朝議大夫遭亂來寓於郡一旦焚書裂衣遁去旣歸被草結廬於天慶觀之龍王堂均案天慶觀即今元妙觀卧草中不垢不穢晨必一至吳江溲焉往返不數刻有瘳者拜謁乞醫何命持一草去旬而愈始翕然傳蓑可愈病孝宗在位忽夢有蓑而跣哭而來弔者問之曰臣蘇人也寤以語左璫居月餘成恭后上仙莊文繼即世璫因進勉釋而及之欲以驗前定寬上心上憶昨夢輟泣而歎璫進曰臣微聞蘇有何姓者類其人因道其所爲上大驚有詔諭遣不至慶元間猶在相傳百

餘歲矣

宋范成大吳郡志曰有何眞人者紹興初往來天慶觀前眞武堂草積中披髮顛狂以蓑衣蔽形故號蓑衣道人

宋葉紹翁四朝聞見錄云先是吳中號何蓑衣者頗能道人禍福至聞於上上屢遣使問之皆有異遂召之至今親灑宸翰扁通神菴州郡以上所賜迎拜奔走周南居里中見而嫉之對策中謂雲漢昭回至施之閭閻乞丐之小夫光皇惡其訐故因猳疏以發之

國朝翟灝通俗編引雲邁淡墨云岳侯之獄以檜妻王

氏一言而死有押衙何立者檜命往東南第一峯句幹恍惚有人引至陰司見夫人帶枷備刑楚毒難堪語立曰告相公東窗事發矣押衙復命言其事檜憂駭數日亦死又引江湖雜記云檜旣殺武穆向靈隱祈禱有一行者亂言譏檜檜問其居址僧賦詩有相公問我歸何處家在東南第一山之句檜令隸何立物色立至一宮殿見僧坐決事立竊問之答曰地藏王決檜殺岳飛事數卒隨引檜至身荷鐵枷因首垢面呼告曰傳語夫人東窗事發矣又引邸氏遺珠云有方士伏章見秦檜與万俟卨俱荷鐵枷檜屬方士曰可煩傳語夫人東窗事

發矣均案前三條不云郎何立此一條不云卽蓑衣眞人
元廬陵張光弼有蓑衣仙詩有引云宋押衙何立奉太
師差往東南第一峯搆幹恍惚一人引至陰司見檜對
岳事令歸告夫人東窗事犯矣復命後卽棄官學道蛻
骨今蘇州元妙觀蓑衣仙是也均案此合兩人爲一
明郎瑛七修類稿云元平陽孔文仲有東窗事犯樂府
杭金人傑有東窗事犯小說
太平廣記引耳目記云會昌中有王瑤者自云遠祖本
青州人事平盧節使時主公姓李不記其名患背疽瑤
祖以牲幣禱於岱宗遂感見形瑤祖叩頭願垂矜憫獄

神曰爾之主師位居方伯職在養民而虐害生民廣爲不道所患背瘡蓋鞭笞之驗必不可愈瑤祖因拜乞一見主公及歸青邱主公已歿具白於夫人云何以爲驗瑤祖曰某在冥中亦慮不信主公遂裂近身衣袂方圓寸餘以授某曰爾將此示吾家夫人得之遂驗臨終服之衣果有裁裂之處瘡血猶在知其不謬

宋曾敏行獨醒雜志云岳將軍既死部下多奇才有何宗元者積功至修武郎一日棄官入玉笥山結屋於山之三會峯上居五年往來宮觀與道流頗相善一日忽謂之曰來日我居庵作少事子來訪我則先擊石若庵

中有聲相應則不須來道流如其言數日後訪之擊石數四寂無應者懼而退又數日率眾再往啟戶視之則何披髮而逝時方秋暑不知其死幾日而面貌如生

國朝李衛西湖志引氏族大全云有知浹者好直言岳飛待以賓禮飛死上書訟冤秦檜怒送獄殺之

高唐神女　妙用眞人

宋陸游入蜀記云過巫山凝眞觀謁妙用眞人祠眞人卽世所謂巫山神女也

國朝宋長白柳亭詩話云三峽有妙用眞人廟卽高唐賦之神女也

柳眞君

劉體恕編呂祖全書三十二載柳眞君誥云道極無爲
玄通莫測大悲大願至聖至仁左輔元化無上極尊玉
樞右宰宏教眞君原注眞君呂祖首座弟子諱棨號靑
靑子淸微三品告成奉元始敕命晉秩眞君之職

王仙師

呂祖全書三十二載王仙師誥云慈惠虛皇仁能玄老
大悲大願無上聖師靈感教主虛靈神妙顯化眞君原
注仙師諱眞字通機號峩眉子參同經之演仙師與有
力焉呂祖弟子也

朝元眞官

明姚宗儀常熟私志云邑之土地也祠在致道觀中曰眞官祠

中天師

太平廣記六十九引傳奇引張雲容條云田山叟郎申天師名元之又三十三引仙傳拾遺曰申元之開元中止開元觀識者云元之魏時人已數百歲矣

五岳之神

太平御覽八百八十一引龍魚河圖曰東方太山君神姓圓名常龍南方衡山君神姓丹名靈峙西方華山君

神姓浩名鬱狩北方恆山君神姓登名僧中央嵩山君神姓壽（均案古微書三十四駢雅釋天俱作姓軍壽）名逸羣呼之令人不病

唐杜佑通典云開元十三年封東嶽爲天齊王南嶽爲司天王西嶽爲金天王北嶽爲安天王中嶽爲中天王禮秩加三公一等

東嶽天齊大帝

元吳澄山嶽碑云嶽者地祇其祭壇而弗廟五嶽四瀆總立廟自拓跋氏始唐乃立各廟於五嶽之麓東嶽之徧於天下則肇於宋之中葉

舊唐書明皇封禪泰山加號天齊

史記封禪書齊所以爲齊當天齊也均案此天齊之取義又云八神祠一曰天主祠天齊居臨淄南郊二曰地主祠泰山梁父均案此分天齊泰山爲二

宋史大中祥符元年封禪畢詔加號泰山天齊王爲仁聖天齊王五年詔加上東嶽曰天齊仁聖帝又立后殿於後詔加上東嶽淑明后均案元至正十八年詔加天齊大生仁聖帝明洪武三年詔去封號稱爲東嶽泰山之神有司春秋祭祀有事則遣廷臣祭告

明姚宗儀常熟私志云三月二十八日東嶽天齊帝誕吾邑十二廟炳靈公清源君漢壽亭侯白龍王睢陽公孚應王惠濟侯利濟侯永定公李烈士周孝子城隍神

齊至祝壽

國朝施鴻保閩襍記云省城東嶽廟神每年三月出巡城南外各一日頭踏上書東嶽泰山青府天齊上帝歲歲蓋神姓也五嶽眞形圖東嶽姓歲名崇歲當由與歲字相近而誤

附東嶽借壽

文選贈五官中郎將詩注引孝經援神契曰泰山天帝之孫也主召人魂

古怨詩人間樂未央忽然歸東嶽

應璩百一詩年命在桑榆東嶽與我期

後漢書許負傳負少嘗篤病三年不愈乃謁泰山請命

又烏桓傳云其俗謂人死則神游赤山如中國人死者

魂歸岱山也

魏志管輅謂其弟辰曰但恐至泰山治鬼不得治生人

太平廣記引集異記曰貞元初李納病篤遣押衙王祐

往禱於岱嶽

炳靈公

宋會要曰炳靈公卽泰山神三郎也後唐長興三年詔

封泰山三郎爲威雄將軍大中祥符元年封禪畢親幸

泰山三郎廟加封炳靈公均案吳任臣十國春秋卷三楊吳睿帝紀云太和五年封

東嶽三郎爲雄武將軍建廟金陵原注或云南唐昇元中事

宋吳曾能改齋漫錄云京東相傳東嶽天齊仁聖帝有五子惟第三子後唐封威權太將軍本朝封炳靈侯哲宗元符二年六月始詔四子長爲祐靈侯次爲惠靈侯第四子爲靜鑑大師第五子爲宣靈侯

魏書段成根傳云父暉師事歐陽湯有一童子與暉同志後辭歸從暉請馬暉戲作木馬與之童子甚悅曰吾泰山府君子也奉敕游學今將歸損子厚惠言訖乘馬騰空而去

道書云五月十二日炳靈公誕辰均案吳俗以炳靈公爲火祖六月二十三

日是其誕或云是七月十八日

碧霞元君

國朝顧炎武山東考古錄云世人多以碧霞元君爲泰山之女文人知其說不經曲引黃帝遣玉女事附會之不知當日襃封固眞以爲泰山女也封號雖自宋時而泰山女說西晉前已有之張華博物志太公望爲灌壇令期年風不鳴條文王夢見一婦人當道而哭問其故曰我東嶽泰山女嫁爲西海婦欲東歸灌壇令當吾道令有德吾不敢以暴風過也明日文王召太公歸已而果有驟雨疾風

歙縣志云泰山碧霞元君祠宋眞宗時敕建又天后明亦曾封爲碧霞元君

泰山錄事

南史沈僧昭傳自云爲泰山錄事幽司中有所收錄必僧昭署名俄復謂人曰我昔爲幽司所使實爲煩碎今已自解乃開匣出黃紙書上有一大字字不可識均案今俗稱有活無常者充陰司差役拘人命亦此類

魏志蔣濟傳注引列異傳曰蔣濟爲領軍其婦夢見亡兒涕泣曰死生異路我生時爲卿相子孫今在地下爲泰山伍伯憔悴困辱不可復言今太廟西謳士孫阿今

見召爲泰山令願毋爲白侯屬阿令轉我得樂處言訖
母忽然驚寤明日以白濟濟曰夢爲爾耳不足怪也明
日暮復夢曰我來迎新君止在廟下未發之頃暫得來
歸新君明日日中當發臨發多事不復得歸永辭於此
侯氣彊難感悟故自訴於母願重啟侯何惜不一試驗
之遂道阿之形狀言甚備悉天明母重啟侯雖云夢不
足怪此何太適適亦何惜不一驗之濟乃遣人詣太廟
下推問孫阿果得之形狀證驗悉如兒言濟涕泣曰幾
負吾兒於是乃見孫阿具語其事阿不懼當死而喜得
爲泰山令惟恐濟言不信也曰若如節下言阿之願也

不知賢子欲得何職濟曰隨地下樂者與之阿曰輒當奉教乃厚賞之言訖遣還濟欲速知其驗從領軍門至廟下十步安一人以傳阿消息辰時傳阿心痛巳時傳阿劇日中傳阿亡濟泣曰雖哀吾兒之不幸且喜亡者有知後月餘兒復來語母曰已得轉爲錄事矣均案此語錄事與前條異

驅石神

國朝范鈫廣雁蕩山志引溫州府志云北閤仙溪昔有神人驅石之海祝曰蒼蒼爲牛蠶蠶爲羊牛羊來斯曰驤曰驤石皆羣奔鞭之流血旣出谷遇一老姥問之曰

見吾羊否姥曰奔石也羊吾不知又問見吾牛否曰奔石也牛吾不知神人曰惜爲汝道破因忽不見惟羣石存焉又引施志云後人因名其灘爲來斯灘

四海之神

太平御覽八百八十一引龍魚河圖云東海君姓馮名修青夫人姓朱（古微書作姓宋）名隱娥南海君姓視名赤（一作保赤）夫人姓翳名逸寥西海君姓句大名邱白夫人姓靈名素簡北海君姓是名禹帳黑夫人姓結字連翹

唐會要云天寶十載封東海廣德公南海廣利公西海廣運公北海廣澤公（均案吳任臣十國春秋卷三云吳睿帝楊溥乾貞二年正月封東海

爲廣德王

五龍

禮記解題正義引鄭氏六藝論云歷六紀九十一代方叔機注曰六紀二曰五龍五龍五代文選魯靈光殿賦注引春秋命歷序云皇伯皇仲皇叔皇季皇少五姓同期俱駕龍號曰五龍又郭璞游仙詩注引遁甲開山圖榮氏解云五龍皇后君也昆弟四人皆人面而龍身長曰角龍木仙也次曰徵龍火仙也次曰商龍金仙也次曰羽龍水仙也父曰宮龍土仙也父與諸子同得仙治在五方此古帝王而稱爲五龍者左氏桓公六年傳云龍見而雩杜

預注立夏後昏見於東方又韋昭注周語云辰角大辰蒼龍之角（此星稱龍而祀者）宋會要云大觀四年封英靈順濟龍王爲靈順昭應安濟王八月詔天下五龍神皆封王爵青龍神封廣仁王赤龍神封嘉澤王黃龍神封孚應王白龍神封義濟王黑龍神封靈澤王（此分以色而祀者）

海童

文選吳都賦云海童於是宴語劉逵注海童海神童也吳歌曲云仙人齎持何等前謁海童李善注引神異經云西海有神童乘白馬出則天下大水

馬銜

文選海賦云則有海童邀路馬銜當蹊李善注引陸經

海賦圖云馬銜其狀馬首一角而龍形

天吳

山海經海外東經云朝陽之谷神曰天吳是爲水伯在

虹虹北兩水間其爲獸也八首人面八足八尾皆青黃

又大荒東經云有神人八首虎身十尾均案初學記卷六引作十八尾

名曰天吳

東海助順孚聖廣德威濟王即東海神

元袁桷延祐四明志十五祠祀攷云宋元豐元年安燾

陳睦奉使高麗還上言請建東海神於明州定海縣詔

封淵聖廣德王崇甯賜額崇聖宮大觀加封助順宣和
加封顯靈仍封附祀風神曰甯順侯雨神曰甯濟侯建
炎加封祐聖

頂山白龍神

宋常熟丞魯詹煥靈宣惠侯廟記曰政和二年漕臺以
常熟白龍祠祈禱感應之實聞於朝制曰可賜煥靈廟
額第爵位未崇終無以昭神貺後二年縣復以狀聞列
於府府言於部刺史復請於朝制曰可封宣惠侯

德淵廟龍神　附靈洽廟　靈溥廟　靈渥廟

陳耆卿嘉定赤城志三十一云德淵廟在臨海縣東北

五里法安院側祀白龍潭崇甯五年令樓君明改壇而
建政和五年賜今額建炎四年封滋榮侯時禦海赤頰
碧贏湫水四潭同被侯封俗所謂五龍是也靈洽廟在
縣西一十五里祠禦海潭靈溥廟在縣西南五十里祀
赤頰潭靈渥廟在縣東南一百二十里祠碧贏潭

樂清縣龍母廟

黃塘萬歷溫州府志云神姓江氏方笄未嫁浣沙見石
吞之有姙以父母疑躍江溺死忽雷電交作其腹迸蜥
蜴成龍入海猶回顧其母今其港有望娘匯邑人因葬
之爲立祠在瑞應鄉

齊召南溫州府志永嘉蒼山周氏女及笄未字汲水溪邊見一卵悅之取含於口不覺吞下遂有娠後產一白龍女驚死鄉人取其骸骨塑以泥藏諸巖洞間旱則迎之祈雨嘉靖十三年大旱縣尹周琉禱弗應有繫獄者稱係龍母族裔獻議迎龍母渡江及抵山川壇俱霏微雨護送有從行者負旗先驅戒弗展眾望雨久強展之風雨頓作龍負雲起如白氣舞於空中噴噴有聲開元寺溫州衛治多拔仆惟山川壇龍母廠不動燭亦不滅雨傾蓋下不移時河溢入城嗣後亢旱禱輒應均案此龍母姓周事亦稍異殆傳聞各有所本

浙江海神

雍正七年冬十月浙江督臣李衛等修築海塘事竣欽
奉　上諭建海神廟於海甯州春熙門內崇封　敕封
甯民顯佑浙海之神以唐吳越國武肅王　敕封誠應
武肅王錢鏐及吳行人　敕封英衛公伍員配享殿庭
其左右兩廡以越上大夫文種等十六人從祀乾隆十
六年三月初四日遣大理寺少卿齊達色致祭甯民顯
祐運德海潮神

推潮鬼

陸刻宋板夷堅甲志十四云明州兵士沈富爻溺錢塘

江死時富方五六歲其母保養之數被疾祟訪諸巫皆云父爲厲母瀝酒禱之曰爾死唯一子吾恃以爲命何數數禍之有所須當夢告我是夕見夢曰吾死爲江神所錄爲潮部鬼每日職推潮勞苦痛至須草履幷杉板甚急宜多焚以濟用年滿方求代脫去矣母如其言焚二物與之富自是不復病矣

金龍四大王

山陰王峕浣雲集云金龍四大王姓謝名緒錢塘安谿里人籍會稽諸生祖達死爲神建炎時率陰兵驅北騎咸淳七年疏請立廟封廣應侯有孫綱紀統皆爲神王

其第四孫也曰金龍四大王者王常建白雲亭於金龍山巔也宋末隱苕溪慨然有澄清中原志度宗甲戌秋大雨天目山崩曰天目臨安主山也主山崩宋其殆乎遂不仕及帝㬎亡誓曰吾生不能報宋死若有知必展此志中夜起作詩赴苕溪死苕水忽漲高至丈餘若憑其怒氣者土人異之立廟金龍山至明太祖與蠻子海牙戰於呂梁洪敵在上流我師失利而風濤忽捲黃河爲之北注海牙大敗太祖夜夢神告之曰臣謝緒也太祖驚寤遂封爲黃河神其後擁護漕河屢著靈異天啟四年蘇茂相督漕水涸舟不前王降言爲我請封當以

水報蘇具疏祝畢洪波浩蕩萬檣飛渡得旨敕封護國濟運金龍四大王均案國朝施閏章矩齋雜記同惟臣謝緒也下云上帝命爲河伯令助眞人破敵

康熙丙子仁和俞星留輯金龍四大王事蹟一卷

國朝邵遠平戒山文存云神父司徒公仲武生四子紀綱統緒神居季故號金龍四大王

天妃

宋潛說友臨安志云神爲五代時閩王統軍兵馬使林願第六女能乘席渡海人呼龍女宋太宗雍熙四年昇化湄州常衣朱衣飛翻海上土人祀之

宋洪邁夷堅志云興化境內地名海口有林夫人廟莫
知何年所立
元王元恭四明續志卷九祠祀篇引程端學天妃廟記
曰神姓林氏興化莆田都巡君之季女生而神異能力
拯人患難室居未三十而卒宋元祐間邑人祠之水旱
癘疫舟航危急有禱輒應宣和五年給事中路允迪以
八舟使高麗風溺其七獨允迪舟見神女降於檣而免
事聞於朝錫廟額曰順濟紹興二十六年封靈惠夫人
三十年海寇嘯聚江口居民禱之神見空中起風濤煙
霧寇潰就獲泉州上其事封靈惠昭應夫人乾道三年

興化大疫神降曰去廟丈許有泉可愈病民掘斥鹵甘泉湧出飲者立愈又海寇作亂官兵不能捕神迷其道俾至廟前就擒封靈惠昭應崇福夫人淳熙十一年福興都巡檢使姜特立捕溫台海寇禱之即獲封靈惠昭應崇福善利夫人既而民疫夏旱禱之愈且雨紹熙三年特封靈惠妃慶元四年甌閩諸郡苦雨惟莆三邑禱之霽且有年封靈惠助順妃時方發閩禺舟師平大奚寇神復効靈起大霧我明彼暗盜悉埽滅嘉定元年金人寇淮甸宋兵載神主戰於花黶鎮仰見雲間皆神兵旗幟大捷及戰紫金山復見神像又戰三捷遂解合肥

之圍封靈惠助順顯衛妃嘉定十年亢旱禱之雨海寇犯境禱之獲封靈惠助順顯衛英烈妃嘉熙三年以錢塘潮決陡至艮山祠若有限而退封靈惠助順嘉應英烈妃寶祐二年旱禱之雨封助順嘉應英烈協正妃三年封靈惠助順嘉應慈濟妃四年封靈惠協正嘉應慈濟妃是歲又以浙江隄成築封靈惠協正嘉應善慶妃景定三年禱捕海寇得反風膠舟就擒封靈惠顯濟嘉應善慶妃寶祐之封神之父母女兄以及神佐皆有錫命皇元至元十八年封護國明著天妃大德三年以漕運效靈封護國庇民明著天妃延祐元年封護國庇民

廣濟明著天妃

元史順帝紀曰至正十年加封天妃父種德積慶侯母育聖顯慶夫人十四年加號海神輔國護聖庇民廣濟福惠明著天妃

光緒鄞縣志十二引閒性道康熙鄞縣志云元天歷二年加封福惠

鑄鼎餘聞卷一終

邑後學劉廣基謹校刊

鑄鼎餘聞卷二

常熟姚福均子成輯

江神

張揖廣雅釋天江神謂之奇相王念孫疏證云史記封禪書索隱引庾仲容江記云奇相帝女也卒爲江神

廣韻八微江妃神女

國朝仁和吳任臣十國春秋卷三吳睿帝楊溥本紀云乾貞二年正月封江瀆廣源王

奇相

軒轅黃帝傳云蒙氏女奇相女竊其元珠沈海去爲神

注引蜀檮杌云成都府有奇相之祠唐英梭古史震蒙氏之女竊黃帝玄珠沈江而死化爲此神上應鎭宿旁及牛宿郭璞江賦曰奇相得道而宅神卽今江瀆廟是也

李冰　二郎神 卽靈顯廟

會典雍正五年敕封李冰爲敷澤興仁通祐王二郎爲承績廣惠英顯王

元史文宗紀云至順元年封秦蜀郡守李冰爲聖德廣裕英惠王其子二郎神爲英烈昭惠靈顯仁祐王

朱子語錄云蜀中灌口二郎廟當時是李冰因開離堆

有功立廟今現許多靈怪乃是他第二兒子初封爲王後來徽宗好道謂他是甚麼眞君遂改封爲眞君後張魏公用兵禱其廟夜夢神語云我向爲王有血食之奉故威福得行今爲眞君號雖尊凡祭我以素食故無威福須復我爲王魏公遂乞復其封不知魏公果有是夢還復一時用兵託爲此說

坊刻夷堅志丁集下永康太守條云永康軍崇德廟乃灌口神祠爵封至八字置監廟官視五岳蜀人事之甚謹每時節獻享及因事而祈者無論貧富必宰羊一歲至烹四萬口一羊過城納稅錢五百卒歲得錢二萬千

國朝翟灝通俗編引蜀都碎事云蜀人奉二郎神謂之川主其像俊雅侍從者擎鷹牽犬蓋李冰之子也

宋周虎廟記云開禧二年封護國聖烈昭惠靈顯神佑王

陸刻宋板夷堅丙志十七云建炎四年張魏公在蜀方秦中失利密有根本之憂陰禱於閬州靈顯廟夢神言曰吾昔膺受王爵下應世緣故吉凶成敗職皆主掌自大觀後蒙改眞人之封名雖尊崇而退處散地其於人間萬事未嘗過而問焉血食至今吾方自愧國家大計何庸可知張公寤而歎異立請於朝復舊封爵且具禮

祭告自是靈響如初俗謂二郎者是也均案此條卽朱子語錄所疑者

清源妙道眞君趙昱

唐柳宗元龍城錄云趙昱字仲明與兄冕俱隱青城山煬帝拜爲嘉州太守時犍爲潭中有老蛟爲害昱持刀入水左手執蛟首右手持刀奮波而出州人事爲神太宗文皇帝賜封神勇大將軍廟食灌江口上皇幸蜀加封赤城王又封顯應侯昱斬蛟時年二十六均案明皇甫汸長洲志國朝錢陸燦常熟縣志並云神灌州人又云神卒後嘉州人見神霧中乘白馬越流而過因立廟灌口

國朝王峻蘇州府志云宋眞宗時進封清源妙道眞君

國朝褚人穫堅瓠集云六月二十四日吳謂爲清源妙

道眞君誕祀神必用白雄雞相傳已久不解其故及閱陳藏器本草拾遺云白雄雞生三年者能爲鬼神所役使

淮水神

太平寰宇記十六河南道泗州淮渦神在龜山之下淮陽記按古嶽瀆經云禹治水三至桐柏山乃獲淮渦水神名無（繹史十一禹平水土篇引古嶽瀆經無作巫）支祁喜（作善）應對言語辨江淮之淺深原隰之遠近形若獼猴縮鼻高額青軀白首金目雪牙頭（太平廣記四百六十七引戎幕閒談頭作頸）伸百尺力踰九象搏擊騰踔疾奔輕利若倏忽之間人視之不可久禹

授之童律童律不能制授之烏木田（廣記作由下同）烏木田不能制授之庚辰庚辰能制頸鵶脾柏（原注鵶音脛史作鴟脾桓胡）繹於是木（作水）魅水（作山）靈火（作山廣記作山）妖石怪奔號叢繞以千數庚辰以戟逐去遂頸鎖大索鼻穿金鈴徙淮泗陰鎖龜山之足淮水乃安流注於海（按案太平御覽八百八十二神鬼部作無支奇）

安徽盱眙縣志云龜山寺寺後山腳有石穴以磚塞其口云是無支祈之所宅

國朝吳任臣十國春秋卷三楊吳睿帝乾貞二年正月封淮瀆長源王

靈源神祐宏濟王 即黃河神

元史順帝紀曰至正十一年加封河瀆神號靈源神祐宏濟王

洛子神

樂史太平寰宇記卷三西京一洛陽縣引郡國志曰後魏虎賁中郎將洛子淵者洛陽人鎮防彭城因同營人樊元寶歸附書至洛下云宅在靈臺南元寶至忽見一老翁云是吾兒書引入屋宇顯敞飲食非常久之送元寶出唯見高崖對水方知是洛水之神因立祠迄今人祀以祈水旱

水府三官

明田藝蘅留青日札云今稱水府三官者起於後唐保大中上水府馬當中水府采石下水府金山皆有王號宋因加封爵祭告

懷甯縣志云水府不知何神五代史楊行密據有淮南乾貞元年正月封馬當爲上水府甯江王采石爲中水府定江王金山爲下水府鎭江王後遂相沿不改均案十國春秋作吳睿帝乾貞二年

馬當廟

明曹學佺名勝志江西二九江府志勝云馬當山在彭

澤縣東北四十里山際有馬當廟唐王勃舟過其下遇
神人助以順風一夕而至洪都
唐鄭還古博異志云開元中琅邪王昌齡自吳抵京國
舟行至馬當山屬風便而舟人云貴賤至此皆合謁廟
以祈風水之安乃命使齎酒脯紙馬獻於大王兼有一
量草履子上大王夫人而以詩一首令使者至彼而禱
之詩曰靑驄一匹崑崙牽奉上大王不取錢直爲猛風
波裹驟莫怪昌齡不下船當市草履子時兼市金錯刀
子一副貯在履子內誤并履子將往使者亦不曉焉行
數里忽有赤鯉魚長可三尺躍入舟中呼侍者烹之旣

剖腹得金錯刀子宛是誤送廟中者

波神陽侯

楚辭九章淩陽侯之氾濫兮王逸注云陽侯大波之神

均案文選七發注引無之神二字

淮南子覽冥訓武王伐紂渡於孟津陽侯之波逆流而擊高誘注云陽侯陽陵國侯也溺死於水其神能爲大波有所傷害故因謂之陽侯之波

應劭注漢書揚雄傳曰陽侯古之諸侯也有罪自投江其神爲大波

韓策云塞漏舟而輕陽侯之波則舟覆矣

倉聖　蒼聖　蒼王

國朝李斗揚州畫舫錄云雍正間蜀僧大嵒膂力過人素不識字故奉倉頡聖像及去蜀居天台山十年移揚州天甯寺愛天心墩繹經臺即其址爲倉聖殿

國朝陳浩生香書屋集有蒼聖祠記其略云倉氏之後有倉聖脈者自中年來將爲神立廟歲時以祀乃屬某爲文茲役也起於乾隆二十七年十月竣於二十八年十一月鳩工者倉氏兄弟候補道聖裔處州府知府聖潢戊子舉人聖脈

宋葉夢得石林燕語云京師百司胥吏每至秋必醵錢

爲賽神會問何神曰蒼王蓋以蒼頡造字故胥吏祖之

關帝附子平　興

國朝錢塘馮少渠關公祖系記云侯以桓帝三年庚子

六月二十四日生

國朝顧祿清嘉祿以五月十三日爲帝生日九月十三

日爲成神之辰

會典雍正五年敕封神曾祖光照公祖裕昌公父成忠

公增設神牌於後殿歲春秋二仲月吉日及五月十三

日致祭

清嘉錄又云明封夫人爲九靈懿遠武肅英皇后子平

爲竭忠王興爲顯忠王周倉爲威靈惠勇侯賜丞相二
員左爲宋陸秀夫右爲宋張世傑其道壇之三界馘魔
元帥以宋岳飛代其佛寺伽藍以唐尉遲恭代
元至正間將仕郎普顏花撰王廟碑云荆楚之人相傳
王於六月二十三日生子平於五月十三日生
國朝沈濤常山金石志載隆興寺石刻云至順二年封
齊天護國大將軍檢校尚書守管淮南節度使兼山東
河北四門關招討使兼提調諸宮廟神煞無分地處檢
校官中書門下平章政事開府儀同三司駕前都統軍
無甯侯壯穆義勇武安英濟王護國崇甯眞君

明姚宗儀常熟私志云廟舊在三元堂天順間嶽廟左荆州牧前將軍其本號也漢壽亭侯其加封也壯繆侯唐封號也宋眞宗封義勇武安王則王之矣徽宗加封崇甯至道眞君則神之矣今上尊爲協天大帝又敕三界伏魔大帝神威遠震天尊關聖帝君兼賜冕旒玉帶至尊無上也

黟縣三志云　皇朝累封忠義神武靈祐仁勇威顯護國保民精誠綏靖同治九年加封翊贊二字。均案仁勇嘉慶十九年加威顯道光八年加

宋黃復益州名畫錄云趙忠義者德元子也蜀王知忠

義妙於鬼神屋木遂令畫關將軍起玉泉寺圖均案畫帝像始於五代

國朝施可齋閩雜記云甯德縣青山海嶠上有一石其痕儼然如關帝像憑空而立面目俱全雨後尤顯俗稱仙人畫均案此爲天生

周倉

元魯貞漢壽亭侯碑云乘赤兔兮從周倉

順德府志云神與參軍同死

山西通志云周將軍倉平陸人初爲張寶將後遇關公於臥牛山遂相從樊城之役生擒龐德後守麥城死之

均案說似
本演義

崇甯眞君

國朝錢曾讀書敏求記云漢天師世家一卷中稱三十代天師諱繼先者宋崇甯二年投符解州鹽池磔蛟死水裔上問用何將隨召關某見於殿左上驚擲崇甯錢與之曰以此封汝世因祀爲崇甯眞君

關大王

宋郭彖暌車志云忠愍李公若水宣和壬寅尉大名之元城有村民持書至云關大王有書公甚駭愕其緘云書上元城縣尉劉尚書漢前將軍關雲長押詰民何自

得之云夜夢金甲將軍告某曰汝來日詣縣由某地逢著鐵冠道士索取關大王書下與李縣尉既覺驚異勉如其言果遇道士不敢不持達公發書其間皆預言靖康禍變卽火其書遣其人不復問作詩紀之云金甲將軍傳好夢鐵冠道士寄新書我與雲長隔異代翻疑此夢太荒虛公後果貴顯卒蹈圍城之禍兆朕之萌神告之矣

張大帝

宋吳曾能改齋漫錄云張王本前漢烏程縣橫山人始於本郡長興縣順靈鄉發跡役陰兵導流欲抵廣德縣

故東自長興荆溪疏鑿聖瀆先時與夫人李氏期每餉
必鳴鼓三聲而王自至不令夫人至開河之所後遺飧
於鼓乃爲烏啄王以爲鼓鳴而餉至詣鼓壇知烏所誤
逡巡夫人至鳴鼓王以爲誤而不至夫人遂詣興工之
所見王爲大豬驅役陰兵開鑿河瀆王變形未及恥之
遂遯於廣德縣横山之頂居民思而立廟於山西南隅
夫人至縣東二里而化人亦立廟
明田藝蘅留青日札云武當人張秉遇仙女謂曰帝以
君功在吳分故遣我爲配生子以王其地且約逾年再
會至期女抱子歸秉其子名渤後爲祠山神

元吳自牧夢粱錄卷一云二月八日錢塘門外霍山路有神日祠山正祐聖烈昭德昌福崇仁眞君慶十一日誕聖之辰祖廟在廣德軍敕賜廟額廣惠自梁至宋血食已一千三百餘年矣

元盧鎮琴川志云累朝敕封正順忠祐靈濟聖烈王

坊刻宋洪邁夷堅志胡朝散夢條云事廣德張王甚嚴敬舉家不食豬肉

宋婁元禮田家五行雜占云二月八日俗謂祠山神生辰前後必有風雨號接客風送客雨初十日雨謂之洗廚雨

國朝言汝泗常昭合志曰大帝吃凍狗肉逢辰日上天均按今云戌日
國朝劉綸重修廟碑記云每春陰多寒折俎用凍脯
國朝顧祿清嘉錄云相傳大帝有雪山女風山女歸省前後數日必有風雨雖天氣已溫又必驟寒俗有吃狗肉之諺均案祀以犬避猪故也
明史祠山廣惠祀張王渤爲南京十廟之一每歲二月十八日遣本京太常寺官致祭
明宋訥雞鳴山廣惠祀記云神爲龍陽人張渤發跡於吳興宅靈於廣德西漢以來葢已有之或謂張湯之子

安世而顔眞卿所記則在於新室建武之間以時考之不無牴牾至於錫封加號則始於唐之天寶益於宋之咸淳旱澇疵癘禱之必應

張元忻萬歷紹興志祠山張大帝姓張名渤漢神雀中人禮斗橫山有禦災捍患功或云佐禹治水有功其賽禱盛於廣德州常以二月九月降至必有風雨

宋陸游嘉泰會稽志云正順忠祐靈濟昭烈王廟均案元盧鎭琴川志昭烈作聖烈即廣德軍祠山張大帝也廟在餘姚縣西二百六十步祭者必誦老子且禁食彘

方景濂康熙台州府志祠山廟在黃巖縣東門內神姓

張名勃武陵龍陽人嘗祠於廣德州元妙觀宋杜垂象
知州事奉燔以歸景德甲辰歲八月始建廟澄江北邑
故無橋祈禱者艱於渡一日渡夫見一人渡江脫靴與
之曰我姓張欲移居城東桂枝橋左家汝可挾靴迹我
夫如其言至左家求之不得惟聞張大帝失靴事左異
之遂以其祖山亭書院爲廟

武烈大帝

光緒無錫金匱縣志引明嚴一鵬重建忠佑廟碑記云
忠佑廟者祀隋大司徒陳公也公諱杲仁字世威其先
自潁川徙毘陵漢太邱長仲弓十七世孫父元渙官嶺

南道採訪使公生於梁太清己巳三月五日有異表八歲能文章十八登朝陳武帝爲公從祖與語大奇之授監察御史尋遷江南道巡察使有殊績及後主遜位於隋公亟上印綬隋高祖累詔不起悉散家貲杜門掃軌孝養厥母終其天年繼母病割股以進病已事聞於朝旌之煬帝幸江都羣盜蜂起時共推公雄略強公受詔討賊平長白山寇宥諸脅從全活甚衆授秉義尉累官朝請大夫大業九年平樂伯通授銀青光祿大夫十三年平婁世幹召拜大司徒賜宮女二十人廄馬五騎粟千斛帛五百匹公力辭不允盡以粟帛分士卒當是時

沈法興謀據常州結賊帥李子通屯江北爲聲援公故娶法興女法興憚公威名不敢發至唐武德三年五月十八日法興詐稱疾篤致公問疾酖之中毒甍均案姚宗儀云公滌腸以死僵立不仆法興縱兵爲逆人見公從雲中發矢斃之賊衆潰散唐主嘉異以世推公有忠孝文武信義謀辯八絕之目詔徵其實父老奏上因令立祠以祀廟在今毘陵清秀坊即公故第兵仗庫也均案父元濱姚云父季明想是其字又云平樂伯通於江甯

新唐書沈法興傳隋大業末爲吳興太守東陽賊婁原作樓今改世幹略其郡煬帝詔太僕丞元祐之義興二年法

興興祐將陳果仁均案當作杲仁執祐越王侗立法興乃自稱轅門公承制置百官以果仁爲司徒高祖武德二年法興自稱梁王

宋馬令南唐書柴克宏傳云常州有隋末陳果仁祠均案當作杲仁果仁見夢於克宏曰吾以陰兵助爾及戰有黑牛二頭衝突越兵克宏繼之大敗越人俘馘甚眾克宏奏封爲武烈大帝均案赤城志云李氏保大四年封武烈帝

宋張敦頤六朝事蹟類編引舊經云隋司徒陳杲仁有戰功唐封忠烈公南唐僞冊武烈帝均案陳耆卿嘉定赤城志云唐乾符四年封忠烈公廣明二年進忠烈王

明姚宗儀常熟私志云周世宗命吳越攻常州南唐李
主遣柴克宏赴援禱祠下乞假威靈公驅黑牛數百迅
風疾雷助戰越潰柴具奏贈武烈帝累封福順武烈顯
靈昭德仁惠孚佑眞君均案明盧熊蘇州志云梁開元四年敕封杲仁爲福順王洪
武初詔題木主隋司徒陳公之神公妃沈氏彭氏張氏
子二坦穎女一玉四歲聞公罹難即啼號動人後翦髮
奉佛
聖山靈康白鶴大帝即靈順顯祐廣惠王廟　趙侯
俞卿康熙紹興府志云聖山在會稽縣二十一都一啚
國初時山蔓藤叢生黃蜂雲集樵人縱火焚之未幾

風雷交作大雨如注山水暴漲漂出龍牌一座逆流而至橋上舉視之乃藤蔓縈結而成文理精工不減雕刻中有聖山靈康白鶴大帝之位十字蜂蠹成文牌足尙有焦痕居人異之卽其地建白鶴廟水旱祈禱無不感應聖山所由名也

方景濂康熙台州府志靈康王廟在臨海云白鶴山祀東漢趙炳炳東陽人能爲越方善禁祝以起人病入章安神幻事甚衆爲章安令華表所殺其屍泝流止今處故祠之宋時疊顯靈異加封王號均案宋唐仲友白鶴山靈康廟碑記云神日靈順顯祐廣惠王漢人姓趙諱炳字公阿元豐賜額崇甯始封侯大觀進爵政和錫宣私建炎增衍鴻名

潘紹詒光緒處州志云趙侯廟在縉雲東十五里侯名炳字公阿東陽人仕漢官至大將軍烏傷侯祀神以東流水爲酌削桑皮爲脯療病皆除水旱祈之必應廟前有石如航俗呼爲趙侯航

宋陳耆卿赤城志云靈康廟祀東漢趙炳元豐七年賜今額崇甯三年封仁濟侯大觀二年進顯仁公政和三年進靈順王宣和四年加顯佑四年加廣惠慶元二年加善應開禧三年改善應爲威烈

忠靖王 疑即温元帥

明宋濂温忠靖公廟碑云王姓温名瓊字永淸温之平

陽人戈民望嘗中明經甲科年耄無嗣與妻張道輝晝夜禱於上帝一夕張夢巨神手擎火珠自天門飛下謂曰吾乃大火之精將降胎爲神張覺赤光被體中猶熹熹然因有妊以唐長安二年五月五日午時生其左腋有震篆二十四右半之七歲習禹步爲罡十四通五經百氏及老釋家言二十六舉進士不第拊几歎曰吾生不能致君澤民死當爲泰山神以除天下惡厲耳復製三十六神符授人曰持此能主地上鬼神言已忽幻藥叉狀屹立而亡蜀葉天師後用其符禁除沴氣之爲人災者彷彿見王衣赭袍握寶劍乘追風駿下之劾召之

家遂皆祠王以祈靈嚮焉王初封翊靈昭武將軍正佑侯其曰正福顯應威烈忠靖王則宋季之累加也王之事行見於傳記者如此平陽縣志云神姓林宋碑姓溫訣未知何據均紥姓溫者是

萬歷溫州府志云黃肩晤字應伯眞華觀道士精五雷法飛神朝謁經日始蘇嘗大醉偃臥有求符者即顧溫侯像曰汝可往某家患者睹藍面將而愈

忠靖威顯靈祐英濟王張抃潭州有忠靖王廟宋曾致堯撰碑

江西金谿縣志載永樂舊志云東嶽廟左廡祀忠靖王

按臨淮棄指亭記王姓張名抃與南霽雲同守睢陽同乞師於賀蘭進明同斷指以示信城陷又同死託夢於

家曰吾得請於帝輔東嶽爲司錄事唐封感應太保宋
封靈祐侯累贈至王號曰忠靖威顯靈祐英濟廟號昭
烈云考唐史無張抃事或竟指爲張巡是又不知舊誌
忠靖王之由來矣江南省志歙縣忠靖王廟王姓張名卞家於滑之白馬與張許同死睢陽史失其名
國朝王士禎居易錄云南霽雲乞師時同行將王抃者
亦斷一指後同死睢陽史失之黔陽赤寶山立祠號昭
烈王見朱近修孝廉集均案此名姓與上條異

黑神南霽雲

國朝王士禎居易錄云貴陽有黑神廟祀唐南霽雲凡

遇水旱癘疫兵革之事有禱必應見田綸霞少司寇黔書及郭青螺集

東平忠靖王

元盧鎮琴川志云王淮陰人張有嚴之子唐開元元年八月十八日生十四年七月二十五日入滅爲神護國救民封威濟侯宋太祖親征太原川水泛溢上憂之冰忽合師遂濟空中見神來朝加征應護聖使者熙甯五年升濟物侯宰相王荆公令有司勘會靈顯事再封忠懿文定武甯嘉定侯南渡以來神復響答於浙閒而此方尤顯著累封東平忠靖王邑人尊事之又明襲立本

常熟縣志云宏治中查毀淫祠遂以唐忠臣張巡實之像作厲鬼狀均案神姓張與上忠靖王似一人而事蹟又異

光緒鄞縣志十二引張時徹嘉靖甯波志云東平忠靖王廟在縣二里祀唐忠臣張巡俗稱十四太保廟相傳宋高宗駐蹕東津神嘗効靈敕祀之

景佑眞君廟

黃岡縣志云武節祠祀唐張睢陽舊名景佑眞君廟

顯忠廟

無錫金匱縣志云張中丞廟舊志稱顯忠廟按中丞於宋時封威烈昭濟顯慶靈祐王

孚應昭烈王

國朝王峻蘇州府志云神事蹟莫詳今祀唐忠臣許遠因張廟義起云均案似即上之昭烈王張扑然今邑城內東嶽廟左祀忠靖王右祀孚應王則又分爲二神此廟爲明洪武二十一年建

千勝小王

明陳善杭州府志云張巡子亞夫以巡死國拜金吾大將軍均案李翰進巡傳表曰亞夫雖受一官饑寒之患江淮旣巡所得宜封以百戶㫘其初詔卹甚薄巡守睢陽時亞夫善出奇制勝名千勝將軍宋時祔祀汴都巡廟南渡後杭人別祀新安坊橋

靈祐王

安徽銅陵縣志云廟在銅官山上神姓張名覺晉潯陽太守蕭齊時廟食茲土唐中和間陰有助戰功屢封至宋始加王爵均案神姓張與上靈祐英濟王同而時代事蹟異

威惠廣祐王

坊本夷堅志廣祐王生辰條云八月十五日爲威惠廣祐王生辰又星月之異條云八月十五日程劉二生主威惠王燈燭之役又大浪灘神祠條云有威惠王行祠元吳自牧夢粱錄云廣靈廟在石塘壩奉東嶽溫將軍自溫將軍以下九神皆錫爵張封廣佑均案未知即是一人否

靈應忠嘉威烈惠濟廣靈王即永泰王廟及鮑郎祠

宋張津四明圖經卷一云靈隱廟即鮑郎祠舊云永泰
王廟在州南二里半輿地志云鮑郎名蓋後漢鄮人爲
縣吏嘗捧牒入京留家酣飲踰月不行縣方詰責已而
得報章果上審究實然既死葬三十年忽夢謂其妻曰
吾當更生盍開吾冢妻疑不信再夢如初乃發棺其尸
儼然如生第無氣息耳冥器完潔若日用者冢之四旁
燈燃不滅膏亦不銷郡人聚觀神怪之立祠以祀號永
泰王今稱靈應忠嘉威烈惠濟廣靈王
法苑珠林卷五引梁高僧傳曰浙江有鮑郎子神者一
鼓湧浪七日便止梁帝敕爲將軍更起靈廟

永泰王

忠嘉神聖惠濟廣靈王

元袁桷延祐四明志十五祠祀攷引鄞人樓扶廟記曰王姓鮑諱蓋其先東漢鄮邑人母晝寢夢吞日有娠在胎三載晉泰始三年九月望日生祥光燭室與前夢協名曰圓照既冠美鬚眉容貌秀偉好游俠任氣節以擊鮮弋禽爲樂見山中石以爲鹿而射之既中視之石因名之爲鹿山東海魚龍相角海濱民患苦之一日有客艤舟岸旁而王舟至客問何來王謂客曰海口一大魚與衆小魚競小者將其羣鬭鋭大者力若不敵遂奮楫擊小魚中之雄者因射之退餘亦俯首潰霧斂風息大

魚鼓鬣掉尾似有喜色客甫歎息一老叟霜髯鱗裘王前鞠躬謝且曰吾職東海有年有九江小龍逞驕結儔暴吾廬適會戰勢孤幸子助吾而今而後海淵安靜如初皆子之賜子異時必廟食願遣息女爲嬖妾王謙謝毋戲言叟擲火翻浪微露鱗甲而去王屬客勿復言請別遺一小楫後人因號其所在曰小楫客盛傳其事疑信者半之然自是波濤息驚王取湖上方氏生一子絕肖乃翁篤好詩書王旣薨建興四年葬鹿山郎射石之所後三十年夢告其子我當再生可啟我冢次夜妻夢復然謀於親黨皆曰此非常事當如夢及發棺尸儼然

如生但無氣息衣服潔潤冢四角燈熛然州人聚觀加敬乃乘雲而昇道家謂尸解豈其是乎冢間得一爐非金非石籀文曰東海之寶永和初穆帝聞其異詔取爐褚太后曰神物也緘香遣還許立祠王又夢呼其妻若子曰東海龍遣女在茲汝當會旣而相繼以終因並祀鹿山墓傍梁大通末越有奴鈔寇三千並海州郡嵗羅其禍王因巫者語定襄侯蕭祗曰爾揚我武我濟爾力君第行必以八月十三日破賊至期寇至餘姚失潮舟膠衆惘然若昏醉官軍悉縛之武帝詔崇其祠唐神功元年八月八日王降於縣東門託鄉童終日而歌曰吾

姓鮑氏廟食於此自昔及今四百餘祀馬行水林縣必
遷徙家在鹿山不堪居此鄞水西流北接甬水給事祖
室實吾之廬汝爲我請早爲改圖待兔化龍遇齊得王
移汝來封日月交光萬載無窮吾歌章章父老同守仁
等告於令柳惠古乞更置尉宗魯賢謂甬水有楊給事
宅其子承奉郎宏道遂乞捨故父給事郎公口遺宅爲
廟乞子孫掌祠事世世無易鸞臺侍郎攝春官尚書狄
仁傑繳奏故今祝史皆楊氏吳越有國規度而崇奉之
舊相傳稱永泰王莫詳所始崇甯二年正月浙東鈐轄
尚書豐稷奏犯陵名改威烈六年三月守直龍圖閣樓

昇以雨暘應祈乞封王爵封惠濟王宣和三年六月太
守李友聞奏睦寇及剡魔巢洞距州近不能侵詔加賜
額靈應政和八年九月路侍郎允迪使高麗奏加忠嘉
建炎四年二月高皇帝南巡護風濤若平陸詔加廣靈
嘉定四年九月故侯樓公之孫參知政事告諸朝曰時
和年豐神有大賜於民願顯揚其先以及後昆詔封王
父協應侯王母協惠夫人元配靖順夫人次室昭順夫
人王子順助侯紹定間示夢於史衛王彌遠作新廟
端明三年今太傅丞相鄭越公清之奏易威烈爲神聖
又以尚書袁公甫之請詔加王父協應同慶侯王母協

惠順慶夫人嘉熙元年正月同日誥頒

康王廟

國朝俞正燮癸巳存稿宋史四百四十六卷忠義一康保裔傳云洛陽人眞宗紀云咸平三年正月契丹犯河間高陽關都部署康保裔死之江西泰和縣東門外有康王廟歐陽守道記云眞宗時郡縣請王封號者卽報可南渡以後尤著靈則宋時江西已爲康保裔立廟泰和縣志又云康王廟或言唐時建疑之蓋唐時古廟基也建昌縣亦有康王廟鄱陽縣亦有康王廟在城中福州福清縣連江縣俱有康王廟在東嶽廟左祀康保裔

新建縣德勝門外之一鋪有康保裔廟土人以木郎廟張巡并入祀之額曰康張福地上高縣有沖眞廟云洪武時建中祀張巡許遠康保裔黔書云麥新縣祀宋康保裔其神介冑赭面今黔城中賽張康神張爲厲狀康赭面謂之老菩薩亦曰張王康王又按劉宋元嘉時劉子卿事廬山已有康王廟進賢縣壇石山康王廟則志云或曰周康王或曰楚康王或曰宋康王或曰康佑或曰康保裔山西介休縣康王縣則祀唐康太尉深

元吳自牧夢粱錄云廣靈廟在石塘埧奉東嶽溫將軍自溫以下九神皆侯爵內云康封安佑

國朝田雯黔書云萬歷戊午春不雨官民迎康公而禱之公像不滿三尺昇夫踉蹌流汗雷雨隨至歲以大有

國朝王謨江西考古錄引潯陽記廬山西南有康王谷北嶺有城即釗城亦作周王城述異記曰周康王好音累尋名山故有康王之號又據竹書紀年康王十六年南巡狩至九江廬山故江西境內多康王廟

國朝汪巽東雲間百詠第一首爲康王城云在海濱南接金山周康王東巡時所築

國朝吳縣黃中堅蓄齋集有康王廟記云鐵瓶巷爲舊時刑人之地多鬼故建周王廟以鎮之以周康王時刑

措不用故也
國朝吳震方嶺南雜記云高州建太平醮於門外壅土
爲神設蔗酒祭之曰康王

　義忠王梁山伯廟

光緒鄞縣志十三云義忠王廟一名梁聖君廟在縣西
十六里接待寺西祀東晉鄮令梁山伯安帝時劉裕奏
封義忠王令有司立廟宋郡守李茂誠撰記云神諱處
仁字山伯姓梁氏會稽人也神母夢日貫懷孕十二月
時東晉穆帝永和壬子三月一日分瑞而生幼聰慧有
奇長就學篤好墳典嘗從名師過錢塘道逢一子容止

端偉負笈擔簦渡航相與坐而言曰子爲誰曰姓祝名貞字信齋曰奚自曰上虞之鄉奚適曰師氏在邇從容與之討論旨奧怡然相得神乃曰家山相連于不敏攀鱗附翼望不爲異於是樂然同往肄業三年祝思親而先返後二年山伯亦歸省之上虞訪信齋舉無識者一叟笑曰我知之矣善屬文者其祝氏九娘英臺乎踵門引見詩酒而別山伯悵然始知其爲女子也退而慕其清白告父母求姻奈何已許鄮城廊頭馬氏弗克神喟然歎曰生當封侯死當廟食區區何足論也後簡文帝舉賢良郡以神應召詔爲鄮令嬰疾弗瘳屬侍人曰鄮

西清道原九隴墟爲葬之地瞑目而殂甯康癸酉八月十六日辰時也郡人不日爲之塋焉又明年乙亥暮春丙子祝適馬氏乘流西來波濤勃興舟航縈迴莫進駭問篙師指曰無他乃山伯梁令之新冢得非怪與英臺遂臨冢奠哀慟地裂而埋璧焉從者驚引其裙風裂若雲飛至董谿西嶼而墜之馬氏言官開槨巨蛇護冢不果郡以事異聞於朝丞相謝安奏請封義婦冢勒石江左至安帝丁酉秋孫恩寇會稽及鄮妖黨棄碑於江太尉劉裕討之神乃夢裕以助夜果烽燧熒煌兵甲隱見賊遁入海裕嘉奏聞帝以神功顯雄褒封義忠神聖王

命有司立廟焉越有粱王祠西嶼有前後二黃裙會稽廟民間凡旱澇疫癘商旅不測禱之輒應宋大觀元年季春詔集九域圖誌及十道四蕃誌事實可考夫記者紀也以紀其傳不朽云爾爲之詞曰生同師道入正其倫死同窀穸天合其姻神功於國膏澤於民謚義謚忠以祀以禋名輝不朽日新又新

霍王廟 金山大王 顯忠廟

光緒許瑤光嘉興志云霍王廟在石佛寺北塘橋東吳主皓嘗病瘧有神降小黃門曰華亭金山鹹塘風激重潮海水爲患非人力所能防臣漢之霍光也可立廟鹹

塘當統部屬以鎮之翌日皓病愈遂立祠焉

至元嘉禾志金山大王廟在郡治北一里或云卽霍光

又云海鹽縣東一里漢大將軍霍光祠封忠烈順濟昭應公宋宣和六年創建均案平湖縣志云當湖旁有顯忠祠祀霍光宣和二年賜額顯忠祠五年封忠烈公建炎三年辛道宗領舟師由海道護行在所奏加忠烈順濟四年加昭應

顯祐廟

季蘭坡顯祐廟記神姓何諱敏字虛中父樸母葉氏以宋仁宗元豐八年乙丑九月朔生神於蘇公里赤光滿室及長聰明正直驍勇絕倫旣而乘虎遠逝不知所終宋元世屢顯奇功由將軍進封王正統間以陰兵贊王

師殲巨寇成化癸卯春正月四日夜火起東方延燒兩街民居時東風驅火疾勢如飛飄忽而至濟民橋將過河界眾皆徬徨計無所出自分一隅已在煨燼中於是祈神默相呼聲動天地俄而大風西作火轉而東眾見煙焰中若有人穿赭袍執白旗左指右揮之狀邑人蔡惟章等景仰神庥因其故廟易而新之宏治丁巳大街兩旁民居復火自宣化坊至濟民樓二百餘家爲之一空東風猛烈火燎殿榱者數四民相率禱於神俄一人自羣萃中躍出裸體散髮升殿端坐自稱季姓子爲神遠方送欵而來因諭眾曰若神注意若等無慮巽起西

方離還東位言訖風返火滅復索大石臼以穀貫其中置諸腹上募有力善舂者舂之杵至三百餘穀精爲米有病者予以少許服之即瘥已而求其體神者樂清傭工蠢然一愚夫也由是人益敬信捨財裝飾廟像均案廟在溫州瑞安縣城中

伍胥廟

史記吳殺子胥盛以鴟夷投之江中吳人立祠江上後漢太守麋豹移廟於吳郭東門外宋元嘉二年吳令謝珣徙廟匠門內唐垂拱四年狄文惠公仁傑奏燬江南淫祀一千七百餘所獨存夏禹泰伯延陵季子伍王四

廟昭宗景福二年封廣惠侯一作廣衛錢武肅王奏改惠應

旋晉吳安王宋眞宗大中祥符五年賜忠淸廟額封英

烈王徽宗政和六年加封威顯高宗紹興三十年加封

忠壯一云改封甯宗嘉定十七年累封忠武英烈威德顯聖

王一云忠武英烈顯聖安福王　理宗嘉熙三年封王父奢烈侯妻嘉

應夫人兄尙昭順侯妻淑惠夫人元成宗大德閒改封

忠孝威惠一作威惠顯聖王　國朝雍正七年改封英衛公

宋王讜唐語林云一鄉一邑必有祀廟號爲伍員廟必

五分其髯謂五髭鬚

越絕書云吳王將殺子胥使馮同徵之胥見馮同知爲

吳王來也洩言曰高置吾頭必見越人入吳也捐我深
江則亦已矣胥死之後王使人捐於大江口勇士執之
乃有遺響發憤馳騰氣若奔馬威凌萬物歸神大海彷
彿之間音兆常在后世稱述蓋子胥水仙也
水經河水篇又東北過黎陽縣南注云河水又東北逕
伍子胥廟南祠在北岸頓邱郡界臨側長河廟前有碑
又瓠子河篇注云莞陵北仲山甫墓南二冢間有伍員
祠

江東廟　嘉濟廟

萬歷紹興志張元忭云江東廟在縣城東北三里神姓

石諱固秦時贛人祀於贛江之東漢陳嬰討南越神以
捷報越之有廟不知自何時宋賜額曰嘉濟
明王鏊姑蘇志云神秦時人漢高祖六年灌嬰略定江
南至贛神告以克捷之期後立廟於贛江之東孫吳時
遷神於吳境
明姚宗儀常熟私志云神名固贛人最靈應元日春朝
乞神靈籤者肩摩趾錯焉均案廟在致道觀西廡遭粤逆燬

絳侯周勃廟

元吳自牧夢粱錄云周絳侯廟即絳侯周勃也祠在臨
平鎮

張翼德廟

太平廣記三百五十三引野人閒話曰梓州去城十餘里有張飛廟又三百五十四曰梓州有陽闢神卽蜀車騎將軍西鄉侯張飛也均案此條佚書名

宋張商英蜀檮杌云王建天漢元年封張飛爲靈應王

宋洪邁夷堅志云蜀車騎將軍張翼德廟元在遂甯之涪江元豐三年邑人任慶長始大之後五十年當建炎三年任氏之孫撰復新之又三年當紹興初年北兵震搖闢輔張魏公宣撫處置秦蜀移屯閬中秋八月死卒有更生者傳神語欲助順誅逆已而金酋兀朮婁室連

犯漢中皆折角而退魏公即神安國公禱爵用便宜進封爲忠顯王而又有廟在長江縣長江鎮火峯山下邦人張氏創爲之至獻可者老而無子詣涪州樂溫謁王別廟以禱夢神告曰汝實吾裔當有名孕明日與婦飲見五色光如綫投婦杯中明年生男曰述於是捨田爲廟移樂溫之楓兩萌蘗以歸植於門東西偏示不忘本且志異也述長擢進士第終職方員外郎其亡也外人皆見車馬鼓吹登入廟中聲達遠邇祝史咫視無所覩踰旬訃至考其時日皆合符其後旱乾霖溢螟蝗疾癘有禱輒應兩楓至高十餘丈大合抱蔭庇數畝及職方

之孫義方又增大廊宇跨門作樓屬王均晦州爲之記

元史順帝紀至元六年加封張飛武義忠獻英烈靈惠助順王

國朝章有謨景船齋雜記云徐禎積宦蜀時士人張網江流得一首金鍪上署名前將軍張飛凜然如生羣僚相視歎異具禮葬之

禰衡廟

國朝景星杓山齋客談云吾杭仁和北鄉有瓜山土地祠俗戲懼內者曰瓜山土神夫人作主吾友盧書蒼經其祠視碑始知爲漢禰衡也禰正平爲杭之土神已眞

不可解乃更有懼內之說則更奇矣

甘興霸廟 即富池昭勇廟

陸刻夷堅丁志卷二云興國江口富池廟吳將軍甘寧祠也靈應彰著舟行不敢不敬謁牲牢之奠無虛日建炎間巨寇馬進自蘄黃渡江至廟下求盃珓欲屠興國神不許至於再三進怒曰得勝珓亦屠城得陽珓亦屠城得陰珓則舁廟爇焉復手自擲之一墮地一不見俄附著於門頰上去地數尺屹立不墜進驚懼拜謝而出迄今龕護於故處過者必瞻禮殿內高壁上亦有二大珓虛綴楣間相傳以為黃巢所擲也

宋陸游入蜀記曰富池昭勇廟吳大帝時折衝將軍甘興霸也興霸嘗爲西陵太守故廟食於此廡下有關雲長象雲長不應祀於興霸之廟豈各忠所事神靈共食可以無媿耶

晉孔愉廟

宋范成大驂鸞錄云宿德淸縣泊舟左顧亭左顧亭者孔愉放龜處孔侯墓廟在焉廟居墓前與其夫人皆盤膝坐蓋是几席未廢時所作

范明廟

國朝黃士珣北隅掌錄云通濟橋之北有范明廟考晉

晉顧眾傳眾爲義興太守起義師討蘇峻之亂爲賊張健馬流所敗保固紫壁有勸眾過浙江者臨平人范明謂眾曰此地險要不可委也眾乃拜明爲參軍率宗黨五百人合諸軍進討健退走曲阿然則兹祠之建實以明有捍禦鄉邑功也明無字無官謚故直謂之范明廟今則易爲范文正公祠矣他日有重葺者宜榜曰范參軍廟

慈濟廟

國朝范鉽廣雁蕩山志引施志云元大德八年令馮福京求雨遣僧投牒大龍湫潭有黑白二蜃躍出密雲四

布隨夜半大雨因立慈濟廟潭側又明正德間旱令禱雨不效夜夢神示以大龍湫潭字旦令率眾往叩忽見有雲自潭中起比返大雨如注因重修廟貌

九眞廟

國朝董含三岡識略卷七云康熙十六年丁巳敕下江南造戰艦一百號赴洞庭名鳥船狀如飛鳥長十一丈五尺濶二丈四尺深一丈七尺桅高九丈五尺宜興山中有九眞廟祀女仙九人傍有古樹其葉每年一易大幾數十圍方巡道國棟議取之夜夢有九女入室素衣冶容若有所訴方不為止督工往伐忽一白虎突出欲

攫方方驚仆一典史跪致辭曰大王爲山君必有靈爽
方公奉朝命而來事非得已幸勿加害虎徘徊回顧咆
哮而去國棟歸卽發病日遣人詣山致禱竟不起又虞
山妙清寺有古榆枝榦凌空夜有光怪縣官遣丞往砍
斧始下噴血如注衆羣至舁樹忽自動俄躍入水舟卽
覆匠役同日死者數人衆以絙挽之轉入泥底重不可
出楚中諸帥託言進剿欲以此支吾歲月徒廢金錢殊
可惜也

顯應廟

無錫金匱縣志云顯應廟在縣西安陽山祀周安陽侯

贊

宋樂史太平寰宇記引風土記曰武王封周章少子贇於無錫安陽鄉卒葬山下

婁敬眞身祠神像

國朝王士禛古夫于亭襍錄卷三云永壽明月山婁敬祠神像是其眞人後潰里人貯之石匣更爲裝塑石匣倘在祠中水旱癘疫禱之輒應

齊景公廟

宋王象之輿地碑記目云齊景公廟碑在海鹽縣齊景鄉唐正元十四年汝南縣君周氏墓誌銘附於嘉興縣

東界海鹽縣齊景鄉

漢高帝廟

國朝王士禎居易錄云滁州豐山有漢高帝廟偶讀老學庵筆記見所錄碑陰略云滁之西曰豐山有漢高帝廟至今土俗以五月十七日為高帝生日遠近畢集薦肴觴焉

周赧王廟

唐劉餗隋唐嘉話云狄內使仁傑始為江南安撫使以周赧王等神廟有害於人悉除之

仁靖公微子

元史順帝紀至元六年封

仁獻公箕子

元史順帝紀至元六年封

仁顯忠烈公比干

元史順帝紀至元六年封

讓王泰伯

國朝王峻蘇州府志云廟在蘇州閶門內東行半里許建始於東漢永興二年太守麋豹宋元祐七年詔廟號爲至德元符三年詔封號爲至德侯崇寧初進爲王

吳恭孝王仲雍

國朝王峻蘇州府志云祀吳仲雍廟在東洞庭山之白
沙山在常熟虞山北麓者名清權祠
顯聖王周公
宋樂史太平寰宇記云僞蜀乾德六年封
武靈王諸葛亮
宋王象之輿地記碑目襄陽府有唐光化五年改封諸
葛亮仁武靈王廟記
英義武惠正應王周處
元史順帝紀至元三年加封
靈應侯郭璞

元史順帝紀志元三年封
文貞公杜甫
元史順帝紀至元三年封
文節昌平侯劉蕡
元史順帝紀至正十八年封
南庭忠烈靈惠王危全諷
元史順帝紀至正二十年加封唐撫州刺史南庭王危
全諷
護國英仁武烈忠正福德鎭閩尊王
元史順帝紀至正二十年加封福建鎭閩王

昇元明義眞君劉綱　昇眞妙化眞君

餘姚縣志政和六年封

周仙王廟

國朝李元復常談叢錄云周迪臨川之南城人梁侯景亂迪起兵據有臨川築城於工塘在今金谿境內屢有戰功元帝授以高州刺史封臨汝縣侯遷衡州刺史領臨川內史陳授禪厚撫之以擒李孝欽樊猛功加平南將軍開府儀同三司後屢徵不至內懷猜忌而遂反兵敗逃竄爲臨川太守誘斬而梟示迪慷慨信實所部獨不侵擾臨川人德之以私愛報祀焉撫建二郡地每有

周王廟蓋即迪也今臨川境內有地名九井相傳迪有仙術與其夫人戲賭欲於一夕開百井至子夜後夫人故作雞鳴而羣雞皆應乃缺一井未成予嘗見其神牌書敕封九十九井周宣侯王當時敬奉迪而神之故附會而爲此說其地稱九井者省文也原稱爲仙王改仙爲宣者誤其實迪無諡歷朝亦未有封號其曰敕封曰侯王者愚妄人沿諸神牌而例書之也

周宣靈王

安徽黟縣志云神名雄改名繆宣臨安新城太平里人宋淳熙十五年戊申三月四日生幼孤事繼母孝遇仙

授以方術家貧賣椒以養會歲疫食其椒者病皆已後
自衢歸舟阻鸕鷀灘聞母訃哀痛急欲歸破浪而行爲
水所沒其尸逆流至衢識之者出其尸香聞數十里眾
驚爲神就肉身斂布加漆廟祀於衢城西端平改元初
請於朝封爲廣平侯屢著靈爽嘉熙二年理宗謝后病
眾醫莫治有士人自稱周某藥之而起已而不見湻祐
元年乃進封護國廣平正烈宣靈王自是至今廟祀徧
江浙或以爲晉周孝侯處者誤也
俞公穀湖北紀游云周宣靈王名雄字世偉杭新城人
母汪夢龍浴金盤湻熙戊申三月四日誕王童穉以孝

聞嘉定初母遘危疾晨夕籲天請代均案西安縣志作謹事後母母病云
云鄧言微發有顯神母促往禱王不敢毋厲聲責之則
抱悸往旋次衢間赴內裂僅逝舟中篙師胡伯二貨舟
結廬奉焉鄰之知王者時載觴俎禮敬自後相傳謂王
有神江以南咸祀之端平嘉熙間一時國事賴王至有
翊應正烈之封而其事不詳
方回廟記云神卒於嘉定四年至端平二年饒州上言
神異始封翊應將軍淳祐四年封翊應侯寶祐二年賜
額輔德七年加正烈十年加廣靈其進封爲宣靈王則
始於元至正中伯顏忽都守衢之日後遂徧祀於浙東

西

衢州西安縣志引卉庵撫言云西門周孝子祠自宋迄今肉身挺立神靈肸蠁而諸舟艦長年肅事惟謹相傳孝子之母化爲緣蟾求探其子觀者如堵牆也余以庚子春肅拜堂下見神前燈燭輝煌蟾聳身凝眸踞乎座側腰脊間絢淺紅深綠目含金碧光輝動人或曰孝子爲神時本端坐後因見母起立立言似誕特以狀迥異姑存其說云

護國忠臣顯靈王

湖北黃岡縣志云吳汝字國棟生而靈異膂力絕人其

部將黃滎沈權等歸於明後戰鄱陽且急見巨人紅袍馳白馬從空中來則汝也遂大勝因封護國忠臣顯靈王

水平王

太湖水神也廟在洞庭山消夏灣明王鏊姑蘇志曰神爲漢惠帝時吳人召拜雍州刺史郁使君

平水王　即橫山周公廟太和沖聖帝

浙江樂清縣志云名凱姓周氏晉橫陽人即今平陽生前屢著治水功永康中三江逆流王操弓衝潮入水水裂電光中見王乘白馬東去水患遂平靈異日著屢封至王

爵宋大中祥符初詔營玉清昭應宮均案王棻黃巖志云平水王俗傳后稷庶子佐禹治水有功故祠之葢不足據

國朝范鈜廣雁蕩山誌載李志云咸通中靈峰洞中山鬼呈怪據黃氏所居不得已捨宅為寺有僧善孜戒行高潔獨處其中日夜誦法華經妖怪變現百端神因顯相謂僧曰當為爾蕩除斯孽俄而陰雨晝昏旗中現平水字迅雷破洞林木俱焚神現一巨身仗劍立石麾兵追捕羣怪悉滅今為靈峯院石上留髀足痕

宋濂橫山周公廟碑記云神諱凱字公武姓周氏世居臨海郡之橫陽生而雄偉身長八尺餘髮垂至地善擊

劒能左右射博聞而强記家貧躬耕以養父母及司馬氏平吳與陸機兄弟入洛張華薦之神知晉室將亂獨辭不就時臨海屬邑曰永甯曰安固曰橫陽地皆瀕海海水沸騰蛇龍穢居民罹其毒神還自洛乃白於邑長隨地形鑿壅塞而疏之遂使三江東注於海永康中三江逆流颶風挾怒潮爲孽邑將沈神奮然曰吾將以身平之援弓發矢大呼衝潮而入水忽裂開電光中見神乘白龍東去但聞海門有聲如雷而神莫知所在矣俄而水勢平江禍乃絕邑長思其功號其里曰平水且建祠尸祝之祠初在城之西郊及更永甯爲永嘉郭璞相

土遷之於西洋遐邇邀神者無虛日神功益用赫著陳至德間閩寇章大寶侵分水嶺其勢張甚民爭遁逃神見天兵於雲間戈甲耀日盜驚而潰唐武德中輔公祏爲亂其黨入寇民依華蓋山築城而拒守之時當嚴冬神降大雨雹寇弗敢近城因得不陷天寶中河決澶州怒暴不可制神見黃旗驚濤間河復故道光化末天台大饑神化形爲商以米貸人已而投杵於江變爲赤龍騎而升天宋景德初契丹同其蕭氏南侵丞相寇準殿前指揮使高瓊奉眞宗親征車駕過河幸北城天際見力士數萬旌旗上髣髴有平水王字虜懼請盟而退大

中祥符初詔營玉清昭應宮取材於溫之樂清使者以重山不可致走禱於神忽風霆淩厲龍湫震盪巨石皆起立大木斯拔蔽江流而下神之靈異或見諸紀載或相傳於父老之口如此者不一而足今則粗舉其槪而已神初封於唐爲平水顯應公尋升王爵（均案唐張又新詩祠像已加唐袞冕樂工猶服晉衣冠蓋指此封）宋賜仁濟爲廟額元復加以威惠進封太和冲聖帝易廟爲宮　國朝以誠事神詔禮官定議爲橫山周公之神其佐神張鉉字子元郡人宋右科進士仕至閤門宣贊舍人剛烈正直上疏忤史嵩之被斥而歿既歿而顯

靈異太守吳泳并祀之元封協惠侯進正肅英烈王法當附書

台州府志云平水王廟在臨海縣白鶴山西祀晉周清俗傳以行賈往來台溫呼周七郎娶臨海林氏女俄棄杵化龍與女皆不見後有遇之彭公嶼者遂祠焉大中祥符元年賜今額（均案此說蓋本陳耆卿嘉定赤城志特云名清不作凱）

孚德廟正肅英烈王張鉉（平水王之佐神）

光緒永嘉縣志卷四曰孚德廟在蛟翔巷平水王廟西偏引舊志曰神張氏諱鉉字子元忠簡公五世孫端平右科進士官閤門舍人上書忤史嵩之被斥歸值端午

太守吳泳讌客思遠樓神酒酣躍上平水祠舟擊楫楚歌慷慨悲壯舟騰水面如飛未幾卒自言當爲平水佐神吳守立祠祀之禱應如響封協惠侯元封正肅英烈王賜廟號孚德又助神黃德正悌華里人年十九無疾而卒越三日有女童降曰我黃某也今爲張侯助神可塑像唐帽襴袍束帶二童捧書劒侍立或曰諸助神皆方巾花袍茲服恐弗稱答曰但依吾言歲一紀後凡仕者皆爲此服矣至洪武戊申冬始悟其言之驗

岱石王

王棻光緒黃巖志岱石廟在縣西十七里永初宋武帝景

平宋帝少中建世傳神家婺州好游觀至大石山而死是夕大雨震雷山上剝落巨石屹立高百丈聳如人形咸以爲神顯異於此奏封岱石王又傳神嘗與錢塘江神競分其潮三分令廟北有港潮生則怒濤驚浪高可五六尺頗類錢塘邑人號斷江渡焉

馬鳴王裴璩

光緒嘉興志引鄉世培馬鳴王廟碑記云神姓裴名璩唐廣明中官浙西藩鎮會黃巢由溢寇浙公力戰卻之此土弗熸沒而廟食以報其功

新唐書黃巢犯浙西時節度使裴璩斬其二長殲其黨

眾賊大沮喪乃詣天平軍乞降

菩提王廟

同治上元江甯志曰攝山下有菩提王廟六朝事蹟云神即楚大夫靳尚也引攝山志曰尚讒殺屈原天譴作蟒穴於山後後人爲之立廟又引稽神錄靳尚居臨沂縣舊經云齊永明初有法度禪師講經攝山患山路磽确僧徒疲於往來神爲平治之法度因爲受菩提界立祠於彼故世號爲菩提王廟舊在山前後移置棲霞寺門之右今廢

湯王廟

安徽甯國縣志云湯王山湯公廟道光初靈顯異常遠近士女祈禱坌集值夏旱知縣阮文藻有政聲將親禱焉先夕神見夢廟祝曰我非湯王乃山中蝦蟆精耳阮公正人翌日且至吾不敢見從此去矣廟祝以告坼其像而靈遂寂然

顯應公

黃岡縣志云劉宋謝晦為荆州刺史嘗過岳州黃山顧瞻久之及卒柩過黃山不肯去遂葬黃山黃民立祠祀之宋封顯應公

顯應廟

萬歷溫州府志云顯應廟在瑞安縣葑村神陳氏名敏家饒同妻韓氏好施與嶼門有五通廟驚動禍福民惑之神曰吾聞正直爲神豈有殃民而廟祀耶負土偶投諸水曰我爲爾鎭此土耳言訖更衣沐浴而逝民祀之

宣和間賜扁額

齊召南溫州府志云廟在城南箬神姓張桐溪麻鋪人宋宣和間禦方寇陣亡因祀之均案此又一神而廟名同

鄧公廟

王士禎香祖筆記云康熙十五年餘姚有客山行夜宿山神祠夜半有虎跪拜祠下作人言乞食神以鄧樵夫

許之晨起伺於祠外果見一樵過之逆謂曰子姓鄧乎曰然因告以夜所見聞戒勿往鄧曰吾有母仰食於樵一日不樵母且飢死生命也吾何畏哉遂去不顧客隨而覘之樵甫采薪虎突出叢箐中樵手搏數合持虎尾盤辟久之虎不勝憤乃震哮一躍拔尾負痛遁去樵遂殺之客逆勞之樵曰感君高義盍導我至廟下既至大詬以死虎示神曰今竟何如遂碎其土偶樵一笑躍上神座瞑目而逝鄉人重爲建祠額曰鄧公廟

矩齋襍記云鄧公廟在山陰縣紫洪村

蔣侯

同治上元江甯志曰鍾山有玉澗祠祀蔣帝卽後漢蔣
子文也嘗自謂骨靑死當爲神吳大帝爲立廟於鍾山
封爲蔣侯在六朝時禱也若有神齊永明中封以帝號
南唐追謚莊武帝

護國忠烈昭濟顯應侯王維

明袁應祺廟記黃巖縣治西故有福祐廟祀唐右丞尙
書王侯侯諱維號摩詰長安藍田人也登開元進士第
其得祀於茲者唐元和間婺源令陳英夫攜侯香火道
永甯江舟幾覆賴侯拯得全遂寄籍奉侯侯靈顯凡災
祲水旱有求必應士民建廟祀之元至正州人王仲祥任

掌樞密院都事海運遇風號侯獲濟具奏賜額敕封護國忠烈昭濟顯應侯我明嘉靖壬子廟燬於倭忽有狂人赴烈焰中負神像出得不燬人咸異焉

靈應廟廣福威烈侯葉

彭潤章同治麗水縣志卷五云靈應廟在城北三十里浯溪神姓薛侯其名有元至正六年林似祖廟碑記葉侯生唐僖宗朝膂力絕倫有毒蛇薦食畜產且傷人侯率其二子磔殺之既卒賊兵過或見侯率眾擊賊賊避去鄉井賴完宋寶祐二年進士潘檜始剏廟宇皇元混一命正一眞人留國公得以符誥封鬼神皇慶壬子鄉人

狀神功德以聞封廣福威烈侯長子助靈將軍次昭顯
將軍廟號靈應

靈濟侯陳賢

宋俞浙靈濟侯墓亭記云剡之浦橋有祠曰陳侯諱賢者生於乾道戊子歿於紹定庚寅既歿禦災捍患所在響荅至端平甲午以水戰助王師敗金兵於蔡州封靈濟侯咸湻壬子以厭殺浙東南大水加善應景定庚申借潮浙江航貴人舉翣加協惠此其事卓異載在祀典人所共知也又有異者人歿爲神者有之未有生而從事幽冥以濟物也侯生稍長不問晝夜遇假寢輒神游

江海間拯護舟楫或爲人驚㾥則欵曰壞一舟矣每祭
潮神侯與焉㾥則哇所享牲肉錢塘行在恃隄岸以江
潮嘉定庚辰潮怒齧隄由候潮門抵新門潰突不可遏
朝廷命有司趣徒卒戮力畚鍤隨築隨毀相顧無措召
侯問計侯呼江神祭以三牲喻以關係利病手一竹植
沙隄上誓之曰神有靈無使潮越吾竹潮至望竹伊邇
卽勢伏迤邐折而東行未幾西岸壅沙成阜畚鍤就緒
而長隄屹若山繞矣

顯德靈徵侯姚器廟

光緒鄞縣志十三云廟在縣北三里桃花渡北神姓姚

名器凡海艘遇颶者有禱輒應元大德間都漕運萬戶盧榮感神効靈運道捐址建祀久圯明成化元年神憑人語曰江北地稱最靈人傑由茲種種生試看膺薦及盧瑀鹿鳴宴裏相賓興是秋二人果舉於鄉人益異之瑀從兄盧瑺因大加修葺郎中洪常有記（原注嘉靖志）嘉靖三十三年敕封顯德靈徵侯

協順廟廣靈侯陸

廟在湖州歸安縣東南石冢村祀宋兵馬都監陸圭宋文及翁廟記神姓陸諱圭字朝璋世爲昭慶軍人生熙甯間以祖澤補右爵雨調泗州眞州兵馬都監宣和中

大歉發粟賑饑民存活無算適方臘弄兵軍帥調公引兵駐浙江進嚴瀨與賊鏖戰賊敗績遁師還錢塘而卒遂爲潮神紹興間海濤衝激江岸神役陰兵治之潮勢始平嘉定間飛蝗蔽天神見雲端驅之蝗不爲害淳祐間錢塘復大決隨築隨圮神與三女揚旗空中浮石江面以顯其靈隄賴以成帥臣徐棠以其事聞於朝乃賜廟曰協順爵曰廣靈侯封其妻姚爲花錦夫人三女爲顯濟爲永濟爲通濟皆夫人建廟是邦地曰石冢

河平侯祠

水經河水五注云晉文王之世大魚見孟津長數百步

高五丈頭在南岸尾在中渚河平侯祠即斯祠也

忠潔侯

宋張舜民郴行錄云入歸義江口十許里即汨羅也一水中分南曰汨北曰羅洲上有忠潔侯廟即三閭大夫也

利隱侯

宋龔鼎臣東原錄云齊桓公得愚公而管仲脩政子守青社因旱禱雨於愚公山下即日而應以靈異澤民求爵號於朝廷元符二年封利隱侯

翊應侯

安徽黟縣志云亦名靈順將軍祠神姓周名雄信州玉山人均案與周宣靈王同姓名五顯之從神宋端平三年封翊應將軍淳祐四年封翊應侯寶祐五年加封翊應助順侯

靈濟侯

湖北黃岡縣志云梁代宋益青州人番禺刺史棄官隱黃之黃鵠洞有仙術能役鬼神救疾疫後人祀之嘗有應唐封顯應侯宋加封靈濟侯

福濟廣利侯

光緒無錫金匱縣志云靈護廟在東嶽右廡舊傳神姓王名越祖宋時開化鄉沙頭人歿後累著神應墓在鳳凰山

淳熙中立廟紹定三年賜今額後封福濟廣利侯元至正間復有息風護漕之事見倪峻碑文

忠烈侯

齊召南溫州府志神姓田名居部唐乾符間王郢之亂僖宗詔十道兵討之田奉命行至象浦猝遇寇力戰死邦人哀其義烈為祠祀之浙東觀察使劉漢宏表其事贈中丞大順二年贈右驍衞將軍宋皇祐四年新其廟建炎四年又新之明洪武初詔稱唐右驍衞將軍田公之神歲五月二十日本府致祭

樂淸縣志神兖州人與賊戰時以子規早啼兵誤遂敗

自後近山無子規啼者附鮑原宏謁廟詩橫春渡口象浦西將軍戰死鼓聲低只今恨殺子規鳥飛過空山不敢啼

張忠惠侯

嘉靖浙江通志侯名理宋宣和初睦寇至迎敵力戰橋陷與周承已婁淵潘守貞丁仲修死之郡爲立廟吳山以四人配均案廟在温州城內

忠烈武義侯

葉適忠烈武義侯廟記忠烈武義侯葉公一源均案字九江瑞安人貞觀二十一年太宗征高麗檄令副總管薛萬徹同

往所向先登單騎陷陣斬首三十餘級身中流矢馳歸
卒狀奏帝憫之爲輟食特詔下其所居之里建祠追謚
武義侯天后朝加封忠烈故榜其廟曰忠烈武義侯

靈助侯

山陰縣志靈助侯廟在禹會鄉祀漢太守劉寵唐曰靈
應廟宋改封靈助侯均案陸游會稽志第云靈助侯廟在縣西四十五里錢清鎮不云劉寵也

中山永定公劉太尉

明邑人鄧𢡊碑記云劉太尉祠祀宋將武穆劉公也公
名錡行事具國史俗稱中山永定公祠在山南嶽麓祠

右有石識云乾道末按察胡榮建考宋南渡官無按察轉運使判實其任豈胡嘗爲之歟

又常熟縣東徐市鎮有劉太尉廟祀江淮制置使劉錡俗稱中山永定公明龔立本常熟縣志云嘉靖甲寅倭將及市見神橫刀立雲端一境獲全

秦太尉

在吳江黎里鎮吳江縣志云神名乾宋寶慶中吳興潘任李全作亂州郡響應太尉招集義勇保衞鄉閭一鎮以寧衆立廟祀之

鐵四太尉

國朝翟灝通俗編引淩栢軒集有吳山東嶽廟化鐵四太尉疏云四神皆膺侯爵一曰靈應二曰福祐三曰忠正四曰順佑今杭人但呼之曰鐵哥哥

靈順安邦衛國衛民侯方使太尉

王蔡光緒黃巖志靈順廟在縣北倉頭街舊名江亭殿神姓方名珪字子卿唐中牟人咸通二年以部尉從台州刺史李師望討裘甫亂屯守黃巖値歲饑出軍餉餘糧以賑民已而賊平珪卒於永甯江亭中民感其德立廟肖像祀之嗣是捍災禦患時著靈異宋宣和辛丑呂師囊寇掠黃巖忽半空中有赤幟書云方部尉神兵駐

此賊驚懼下舟須臾有石如斗大者數十浮江中蕩擊賊舟沈溺賊遂遁去令王然以事聞於朝封靈順安邦衛國衛民侯方使太尉之神額曰靈順廟

褚太尉

言如泗常昭合志褚太尉廟在福山江濱神字件哥元時有海運功至正十六年建　國朝順治十六年顯靈驅寇康熙十八年顯靈驅蝗沿海劉河白茆及上海等處無不崇祀香火祭賽不絕廟宇增修按神爲福山里人父不華元至正間爲淮東廉訪使父子困守淮城糧盡援絕件哥設法海運接濟後父子同日殉難不華謚

忠肅追封衞國公伴哥追贈太尉事載元史　國朝錄
入鄉賢祠新志補入人物列傳

屠太保

明姚宗儀常熟私志云邑之土地也廟在周神廟巷宏
治中知縣楊子器即廟改爲草聖祠

盧太保

明姚宗儀常熟私志云邑之土地也廟在莫城塘

沈七太保

國朝黃士珣北隅掌錄云養濟院其初爲仁和縣治明
洪武八年建院中有廟塐像冠帶儼然有碑云待封官

桑園土地即養濟院沈七太保之神位相傳有里人沈姓行七者掌司院事能善遇諸孤老歿而祀爲土地正月十六其誕日

水仙太保

宋史孫子秀傳云爲吳縣簿有妖人自稱水仙太保子秀按治之沈諸太湖　國朝翟灝通俗編引書齋夜話云今之巫者言神附其體南方俚俗稱太保

朱司徒

國朝王峻蘇州府志云廟在蘇州江東神祠左

柴司徒

明姚宗儀常熟私志云土地也廟在柴涇相傳周世宗裔大丞相葬此

陳司徒

明姚宗儀常熟私志云土地也廟在翔鸞里均案疑即陳杲仁

陶李司徒

明姚宗儀常熟私志云土地也廟在南港及珍門

太乙司徒

明姚宗儀常熟私志云土地也廟在縣北尙墅

金李二司徒

明姚宗儀常熟私志云土地也廟在縣治西南至正間

如芝建

伏虎茅司徒

宋洪邁夷堅志云平江人江仲謀啟一熟藥鋪於常熟梅李鎮擇七月十二日開張前一夕夢黃衣人聲喏持一軸云相公投下文字江問何等文書曰是鎮中人戶所居名次望官人題上簿江許之視黃衣人一臂損爛出血明日以語人鄰叟曰相近錢知監宅東有廟鎮人爭往焚香豈其神乎江即攜香酒致謁見土偶駛卒臂泥脫落宛然昨夢所覩蓋伏虎司徒也

明姚宗儀常熟私志云伏虎茅司徒土地也廟在邑之

許浦及河陽山後

國朝趙之壁平山圖志卷一引增補搜神記云揚州英顯茅許祝蔣吳五人居揚州日結爲兄弟好畋獵其地多虎狠人罹其害山溪畔遇一老婦孑然無親飢食溪泉五人請於所居之廬拜呼爲母侍養未久五人出獵而歸不見其母五人曰多被虎噉俱奮身逐捕山間有虎迎前伏地由此虎患始息後人思其德義立廟祀之祈禱隨時隨應今在江都縣東興鄉金匱山之東至隋時封司徒唐加侯號宋紹定辛卯逆賊李全數來寇境禱於神不吉以神像割剖之不三日全戮於新塘肢體

散落猶全之施於神者賊平帥守趙范親率僚屬致享祠下以答神貺撤其廟而增廣之錄陰助之功奏請於朝賜廟額曰英顯加封至八字後賈似道來守是邦有禱於神無時不顯復爲奏請加封王號

黃司空廟

國朝金谿李元復常談叢錄云予鄉各村里常祀黃司空如俗所奉三公神碑石多不鐫神號每誤稱爲王四公又以三公四公誤爲行第惟江西省城進賢門外則稱黃司空考司空名法氍字仲昭巴山人（即今崇仁縣境）當梁侯景之亂率壯勇以衞鄉里遣兵助陳霸先敗景兵梁

元帝授以交州刺史資領新淦縣令積功封侯入陳與周迪同擒李孝欽樊猛等敘功卽與周迪同封階迪反受命討之進爵公徵爲侍中中權大將軍出鎭壽陽薨贈司空謚曰威縣南有鹹池相傳謂司空有異術常欲變置鹽池於家山闊六十餘畝至今水味獨鹹而湛然清澄禽畜不敢觸之此與附會周迪開井事相類

九天僕射夷齊

宋陳耆卿嘉定赤城志三十云天台福聖觀紹興十二年置九天僕射祠原注引眾眞記夷齊死爲僕射治天台山

李僕射

明姚宗儀常熟私志云邑之土地也廟在縣東北四十五里李墓昔吳越王錢鏐設兵防江遣將梅世忠李開山屯兵許浦上游後成鎮名梅李李卒葬鎮北十八里曰李墓訛李王墓

神霄玉府都督大元帥 即晏公及平浪侯

許尚質越州祠祀記云晏公名仔江西臨江縣人元初爲文錦局堂長因病歸登舟即尸解有靈顯於江湖立廟祀之入明太祖渡江取張士誠舟將覆紅袍救上且指示以彼舟問何人曰晏姓也太祖感之遂封神霄玉

府都督大元帥仍命有司祀之今誤以公為劉晏也云
名戌仔
光緒嘉興府志云晏公祠在嘉善務前里洪武初以其
陰翊海運封平浪侯

昭惠永甯大元帥王于

方景濂康熙台州府志云廣濟廟在黃巖縣驛巷神王
姓名于字子器武昌人由進士任詹事司直唐僖宗中
和間以討杜雄劉文協之亂與劉漢宏合兵營於永甯
江之滸嘗謂眾曰我死當廟食此土結營之地即吾廟
也言畢端坐而逝父老奉其柩葬於邑西嶼遂名其山

曰小王山後結營處日多[illegible]有邪許聲邑士人
驚異之聞於朝敕賜昭惠永甯大元帥額曰廣濟

靖國衛民大元帥花敬定

王蓁光緒黃巖志感應廟在縣南一里南浮西神姓花名敬定唐天寶中誅段子璋立功於蜀咸通八年裘甫亂浙東副總師劉雄劉從簡暴虐黃巖民苦之僉曰奚得成都猛將如花卿者拯我於水火乎或呼名號於道或立主祀於家越明年戊子台州刺史李師望奉詔率眾來討忽空中有鼓譟聲張大赤幟書成都大將花敬定神兵駐此是日戰大捷事聞封靖國衛民大元帥賜

廟額感應

五代元帥

國朝施鴻保閩雜記卷五云福州俗敬祀五代元帥或塑像或畫像皆作白皙少年額上畫一蟹頭左右插柳枝或插兩雉尾侍者男女四人分執琵琶三絃胡琴鼓板相傳神五代時人在塾讀書一日午睡同輩戲爲作此形及醒恚甚遂不食死死而爲神甚威厲常降童無敢稍忤者或並傳其姓名俗但稱五代元帥予疑即與泉所祀雷海青也閩音蟹與海近柳枝則寓青字本樂工故侍者皆執樂器興化俗父稱元帥遂附會此說耳

海青罵賊而死其氣節不但高出李龜年黃旛綽馬仙期韋護並非王維鄭虔諸人所及廟食後世亦其所宜惜爲里俗傳訛比諸邪神猶之伯姬貞孝訛爲白雞是皆當釐正之者

天門都督

元袁桷延祐四明志十五祠祀考云祚聖廟世稱其神曰天門都督唐貞觀間有會稽販客曰金林祭畢誤將胙肉去十餘里忽遊風復漂廟下乃悟所誤亟加祈謝即反風安濟永徽間又有工人曰蔡藏自泉州造佛像回獲緡錢數百祀禱稍懈舟發數里而覆宋建炎四年

賜今額均案天門山名在南海接甯郡之東境

鑄鼎餘聞卷二終

邑後學劉廣基謹刊校

鑄鼎餘聞卷三

常熟姚福均子成輯

猛將廟

元袁桷延祐四明志十五祠祀攷曰神姓李名顯忠高宗避難神扈蹕防送御舟出海祥飆送颿賜爵猛將重節武功大夫水旱疫癘蕃船海舶有禱輒應撥官地一片興建祠宇

劉猛將軍

畿輔通志云劉猛將軍名承忠廣東吳川人正月十三日誕辰雍正十二年詔有司歲冬至後第三戊日及是日致祭元末官指揮有猛

將之號江淮蝗旱督兵捕蝗盡死後因元亾自沈於河土人祠祀之怡庵雜錄曰景定四年上敕封劉錡爲揚威侯天曹猛將之神蝗遂殄滅而汪沆識小錄則又云猛將名銳乃錡之弟考宋史劉錡傳有姪曰汜無弟曰銳之文馮班揚威侯廟詩自注曰廟祀揚威侯劉信叔又似是其字蓋揚威侯係神始封之號後改爲吉祥王別有劉銳端平三年知文州死元兵難詔立廟賜諡疑即此神矣然廟當在陝西不當在吳地或又以爲劉鞈字仲偃欽宗時以資政殿學士使金不屈死然亦不當祀於吳地也或又以紹興中進士金壇劉宰字平國者當之然本傳不載捕蝗事且尉江甯時息巫風禁

妖術居鄉自然有司毀淫祠八十四所未必殁而廟食斯民也備此俟再考

甘將軍廟　江東廟

國朝施鴻保閩雜記卷五云漳汀邵武諸處皆有江東廟祀吳將甘甯亦稱甘將軍廟考三國時閩雖屬吳然以僻陋故建置甚略汀州且未立郡縣甯爲吳將又未至閩閩人何獨爲之立廟今漳州府城西有江東橋與泉州洛陽橋相若爲一郡要害處鄭成功時其將甘輝拒　王師於此戰最著稱見臺灣外紀等書又黃黎洲行朝錄鄭成功傳康熙十七年成功破鎮江輝爲之謀

曰斷瓜州則山東之師可扼據北固則兩浙之路不通坐鎮如此金陵可傳檄而定也成功不聽進攻金陵爲王師所敗輝死之成功遁歸厦門設壇祭輝哭而後入令所屬皆爲立廟漳汀邵武當時亦爲成功所據故皆有輝廟鄭氏亡人或諱之託爲甘甯耳亦稱江東廟者蓋猶震其江東橋之戰也

胡將軍廟

國朝施鴻保閩雜記卷五云邵武府城北有小廟祀胡將軍志不載里人言是 國初義兵死難者然亦莫知其名余考宋史理宗紹定三年四月漳州連城盜起五

月犯邵武軍胡純等死之寇平立廟以祀此所祀胡將軍疑即純也志既失載里俗訛傳遂沒其名

威靈顯化趙將軍

國朝馮詠詞原乘云趙將軍俗傳爲東鄉城下坂人性至孝嘗爲獄吏當除夕點囚一死囚哭曰家有老母但得一見死甘心矣趙感其情縱之歸約三日後赴獄及期不至趙知爲所賣乃泣別其母以身代縣官憐之令自捕贖罪行至毛陶峯見一白兔疾走入古墓趙亦入見囚匿其中囚大恐就捕趙曰君何失信之甚言未已有人奉天書至曰上帝感汝孝思已封爲威靈顯化將

軍矣遂坐化於毛陶峯此道家所傳至今祀之

國朝王有年金谿私志云趙將軍名艮

百蟲將軍

水經洛水篇注云九山有百蟲將軍顯靈碑云將軍姓伊氏諱益字隤敳帝高陽之第二子伯益者也晉元康五年七月七日順人吳義等建立廟堂永平元年二月二十日刻石立頌贊示後賢

衛將軍

唐許渾題衛將軍廟詩序云將軍名遜陽羨人少習詩書學弓劒二十七游并汾間遇神堯皇帝始建義旗天

下既定錄其功拜將軍宿衛以母老病乞歸侍殘年詔許之既而以孝敬睦閭門以然信居鄉里及卒邑人懷其賢廟宇荆溪之湄以平生弓甲懸東西廡下歲時祠祭頗福其土焉文士王敖撰碑辭實詳備惜乎國史闕書其人因題是詩於廟壁

蘇將軍

國朝王峻蘇州府志云廟在吳江縣莫舍

宋將軍

明姚宗儀常熟縣私志云廟在常熟縣畢潭

賀將軍

安徽黟縣志云廟在縣城南門外地名寨下祀三國吳新都太守賀齊而以討越中郎將蔣欽祔祀

盛將軍

明王鏊姑蘇志引圖經云吳赤烏初命上大夫倪讓將軍徐傑司馬傾濠寨盛斌分撥地界作田而斌有功於吳江既卒邑人卽其墓立廟

朱將軍

廟在崑山縣治西南馬鞍山神之從神也明盧熊蘇州府志云宋嘉定五年敕封靈祐將軍寶祐四年改封武信將軍景定元年進封武信侯

閻將軍

明姚宗儀常熟私志云土地也將軍唐元和時人捨宅爲勝法寺在梅李鎮寺傍有小祠祀爲伽藍寺東有將軍墓西北隅有洗馬池

卜將軍

明王鏊姑蘇志引舊碑文云神姓卜名珍字文超西河人唐寶歷元年終葬於崑山西鹿城鄉卜山

崑山縣志云卜將軍子伯庸伯聊並著忠節沒而民思之請於朝祀焉水旱厲疫禱輒應嘉靖甲寅倭寇薄城下昇板穿城圖入忽見一武士告我師急斫板幾其酋

數人忽不見時知縣祝乾壽謁祠見神像始悟曩時之
助師者因奏春秋致祭
射龍將軍
國朝全祖望鮚埼亭集射龍將軍揚波辭序曰射龍將
軍之神明甯波衞指揮萬公文也將軍以永樂十五年
率舟師逐倭寇於桃渚大捷明年下哨象山之鋸門昏
夜見雙鐙遠至熊熊閃閃以爲寇也遽發勁弩落其一
炬黑風應弦而起一軍盡覆乃知其爲龍也將軍時年
二十有二
五戶將軍

水經河水篇又東過砥柱間注云五戶灘名也有神祠通謂之五戶將軍亦不知其何所以也

石信將軍

安徽黟縣志云神爲信州石敬純乃東晉時前趙之從子爲父報仇山爲鳴震故信人祀之宋時封王加至八字元至大三年改封明仁廣孝翊化眞君俗稱石信將軍

弋武將軍

明姚宗儀常熟私志云廟在常熟縣東始莊

天道將軍

明姚宗儀常熟私志云廟在常熟縣西始莊

龍洞將軍

明姚宗儀常熟私志云廟在常熟縣顧山

陽武四將軍

坊刻夷堅志甲集上載金皇統中黃河之南陽武漁父請鎮庫古劍斬蛟事死而立祠於其處請於朝封為四將軍以為龍女三娘之子塑像立於傍靈應甚著

白馬將軍

國朝周亮工書影云輝縣褚邱去百泉四十里寺傍有白馬將軍祠土人多崔姓者而近又有鄭村有於褚邱

演崔鄭傳奇者土人以訟之官

申將軍

元吳自牧夢粱錄云申將軍廟在臨平斗門橋即申包胥今臨平稱北廟

周將軍

元劉壎隱居通議云庚子五月因觀江漲至五通廟忽憶兒時見將軍誥詞一軸乃宋封周將軍爲宣口侯者均案宣下疑是靈字

溫將軍

國朝王峻蘇州府志云明宏治九年常熟知縣楊子器

郎虞山北麓三元堂溫將軍廟改建劉宋海虞令何公子平祠原注又云亦稱翊聖廟元至正三年建

又云吳縣學東通和坊有廟宋淳祐間建

元吳自牧夢粱錄云廣靈廟在石塘壩奉東嶽溫將軍自溫將軍以下九神皆錫侯爵溫封正佑李封孚佑錢封靈佑劉封顯佑楊封順佑康封安佑張封廣佑岳封協佑孟封昭佑韋封威佑

觸鋒將軍

水經濾水篇注云徐水東北屈逕郎山漢武之世戾太子以巫蠱出奔其子遠遁斯山故世有郎山之名山南

有郎山君碑事具其文徐水又逕郎山君中子觸鋒將
軍廟南廟前有碑

龔將軍

舊溫州府志云廟在集雲箱唐刺史韋庸浚城南湖神
時爲部將督視遭仇甫之亂力戰溺死湖中郡人即其
地立祠從祀翁蘇二將蓋同死事者

忠烈將軍

舊溫州府志云在三都沙村神鄭氏名生宋時人性任
俠在海上禦盜力戰死數顯靈異寶祐中郡守建廟於
其鄉元大德中封忠烈將軍

蕭將軍

陸游嘉泰會稽志云蕭將軍廟在上虞縣東南十四里將軍秦人諱闓與弟閎領兵東至上虞植金鞭於地而自誓曰化爲黃竹吾當血食於此已而黃竹生焉黃竹嶺由此得名嶺去廟甚近廟有斷碑云吳太元二年縣令濮陽興立

徐將軍

王棻光緒黃巖志云徐將軍廟在縣西七十里漢乾祐中封助治將軍宋時誥敕尙存旁有義髻廟附焉

許將軍 靈威王 義安侯

王棻光緒黃巖志引赤城志曰靈威王廟在縣東五里祀邑人許氏子失其名宋元祐四年令錢景祥重建舊傳廣明之亂許起義兵衞一邑嘗謂人曰吾死當廟食乃以一石祝而擲之曰石所止吾廟也父老從之俗號許將軍尋封義安侯宋治平中錫今封

五道將軍

三國典略崔季舒妻晝魘云見人長一丈徧體黑毛欲來逼己巫曰此是五道將軍入宅者不祥均案太平廣記三百六十一引北史亦載此事

韓將軍

廟在蘇州城内官瀆橋南　國朝王峻蘇州府志曰漢書橫海將軍韓說與朱買臣同受詔在吳中治樓船破東越有功即其人也

利濟侯金元七總管元代官名有同知某州路總管府事總管府治中總管府判官總管府推官

明姚宗儀常熟私志敘廟篇云總管廟朱延祐七年道士時天祐建舊在縣治西今徙於報本院後曾家巷按神汴人姓金初有二十相公者名和隨駕南渡僑於吳歿而爲神其第八子曰細爲太尉理宗朝嘗著靈異封靈祐侯細之第十四子名昌封總管昌之子曰元七亦

封總管元至正間能陰翊海運晉封昌爲洪濟侯元七爲利濟侯又有順濟侯金元六總管及金萬一太尉金七四相公金小一總管金顯三官人金九一太尉諸神稱又曰長亳廟在梅李南鹽鐵塘奉金元七總管國初陶道敬與奚氏仇將疏闕下爲奚所縛投白茅塘陶號呼神見神立水中縛自解躍岸得免又敘氏族篇云朱驥字漢房官廣西布政司左參議嘗泛海遇一艦投刺者曰金爺來訪及晤語見其紅布抹額心異之且屬朱曰我船先行先生之船可緩遂行朱報訪艦已遠颶第見標幟爲金元七總管頭之風怒浪號他舟多敗而驥

獨全且邂逅時見從者提一籠牢一黑物驤問之神曰孽婦也已而泊海壖見富民祈神甚懇廉其情曰家有病女驤念是神籠中物矣代禱病如脫公還朝聞於上賜圓帽易紅抹今繪像世奉云

吳總管

乾隆湖州府志云廟在歸安雙林鎮祀元吳憲卿憲卿行千一元元貞二年以贛州戰功授朝議大夫歿後贛州蔡五九作亂浙江平章張驢討之忽空中旌旗蔽日有吳帥千一字兵聲大作贛遂平上其事於朝仁宗封憲卿為總管至正三年於本里立廟祀之

管七廟

國朝黃廷鑑琴川三志補記云在橫瀝里神名副七元末偕兄副六行賈荆襄遇紅巾伏積屍中得遁平生伉直義俠模古人言行沒而爲神明永樂中里人肖像廟祀祓禬雩禜輒靈

金都尉

國朝范鉽廣雁蕩山志引樂清縣志曰石門潭內有龍井龍常爲患元代有金都尉嘗奉敕伐龍斷其尾龍拍山去都尉亦溺二女追之不及亦投水中後封都尉爲龍王同二女廟食潭左山上

蔡判官

明姚宗儀常熟私志云邑之土地也廟在河陽山北十餘里韓墩西蔡墩昔有民劚地得唐咸通十二年蔡將軍墓志曰哀哉先君大道無聞夫人先葬府君後臨雌雄二劒俱飛碧雲蔡墩之墓千秋萬春

崔府君

磁州崔府君神異錄王姓崔諱珏字子玉祁州古城縣人考諱讓母劉厚德好施夢岱嶽神錫以雙玉乃生王時隋開皇五年六月六日也仁壽元年舉孝廉二年拜太子府傅監唐貞觀元年應聘轉兵部員外郎既而宰

長子尹衞邑令潞陽守蒲州兼河東道二十四年採訪
使三十二年十月十日卒於官年六十四遺命葬磁州
滏陽鼓山西河村之北滏民廟祀之作均案台州府志作邳州彭城人
宋樓鑰攻媿集載顯應觀記云靖康中高宗再使金磁
去金不百里謁祠下神馬擁輿州人知神之意勸帝還
轅均案此卽世所傳泥馬渡康王一事又云府君貞觀中爲相州滏陽令
遷蒲州刺史史失其名在滏陽有惠愛民爲立祠後葬
其地仁宗實錄景祐二年封崔府君爲護國顯應公元
符二年卽舊號封王七年加封護國顯應昭惠王淳熙
十三年奉光堯聖旨改封眞君季夏六日相傳爲府君

生朝孟冬十日又謂爲府君朝元之節或曰以是日上生云

元吳自牧夢粱錄卷四云六月六日敕封護國顯應興福普佑眞君誕辰朝廷賜觀額名曰顯應（均秦台州府志云宋咸平中加封西齊王）

九山府君

水經洛水篇注云白桐澗水出嵩麓桐溪北流逕九山東山際有九山廟廟前有碑云九顯靈府君者太華之元子陽九列名號曰九山府君也

戈府君

淳安縣志卷三云戈府君廟在縣西五里舊傳吳越時府君提兵禦寇戰不利爲敵所執不屈斷其頭棄之府君右手提劒左手自提其頭行至此仆焉既而風雨晦明雷電交作鄉人駭異卽仆處立廟祀之

施府君

光緒嘉興志云施府君廟一名靈顯侯廟在秀水縣北五里土神至元嘉禾志云宋代人諱伯成九歲爲神幾百餘年有禱輒應景定五年準敕賜今額黃濤古蹟詩注云在杉青閘上以護國鎮漕敕封相傳爲宋施全里人患瘡者禱之卽愈

楊府君

光緒永嘉縣志引舊志曰神姓楊名精義唐太宗時人生十子俱入山修道一夕拔宅飛昇同登仙籍由此著靈海濱禱祈輒應（均案萬歷溫州府志云臨海神楊氏失其名相傳兄弟七人入山修煉後每著靈異）

國朝溫州府知府戴槃海壇山廟碑記曰異哉樂清縣城之復也咸豐甲寅（均案四年）十二月土匪瞿逆倡亂（均案虹橋土匪瞿鎮海鎮山兄弟）嚮集縣城勢張甚（均案十八日事副將姚武成典史趙映南均被害）士民俯首帖耳莫敢攖其鋒忽一日閧然而起齊心殺賊渠魁授首擒匪千七百人殲焉城遂以復（均案二十四日）

事僉曰此楊府君之助也時余以剿辦事抵樂聞人言歷歷如繪爲作戡亂顯靈記上其事於大府均案巡撫何桂清請於　朝乞加封號部議飭查未覆至同治六年復請馬中丞題催均案馬中丞新貽始得奏準　欽加福佑二字又云樂人平賊之事尤奇羣賊坐堂皇謀襲郡城而乃一呼四應義聲動天地突起奪賊刀直前刺之殪賊惶遽不知所爲或跪授刃束手就戮無敢抗拒者至婦人豎子咸能刃賊

佘使君廟

光緒鄞縣志十三云佘使君廟在縣北三里桃花渡相

傳使君嘗入海求藥術精修煉白日飛昇境有水旱盜賊禱之輒應民德而祀之元至正間贈尚書屠順重修原注嘉靖志又引明余啟芳記略云四明甬東佘使君廟芳初至禮謁披閱碑文語多影響獨所云號玉成為洪都人則芳家乘所備載使君名楷家洪都為渤海太守而渤海亦號永甯今碑文訛為永定是使君固芳十七代祖行也嗟乎國史郡志蠹蝕煙銷賴有家乘得尋厥緒抑何幸歟余之先本姓余晉時隨元帝至金陵蘇峻之亂始易姓為佘遷於洪都世居焉迨唐元宗朝適有正姓之令復姓余宋神宗時祖諱諷者與相王安石有隙

又更爲余至今仍之使君廟食甬東甬東澤國也螭龍之所窟宅島寇之所環列藉神靈呵護爲亟安得不香火千秋哉

靈惠侯周孝子

明姚宗儀常熟私志云宋周容父百十點檢母朱氏早失怙事母至孝乾道間爲邑從事有事頂山得栗數十顆擇美大者奉母以小者遺妻妻私其大者而奉以小者他日母出其餘食容容察知婦非孝婦遂以他故出之無何容死次日即降於家告其母曰兒矣當輸忠朝廷盡力鄉里里人陳擢簿像事之又云元至正間有王

壽四者居廟巷與周廟鄰故亦多孝子後人王瓛字廷
美其父年九十坐臥小樓上瓛日負以下瓛項有瘤一
日墜樓破瘤入周廟取爐灰止血宿苦頓除又云廟在
縣治東南百步淳祐中進士趙必鍗上其事於朝賜額
靈惠洪武四年敕封宋周孝子之神有司春秋少牢行
事廟中祝史具紫蘇療病往乞者多愈又云成化元年
李文安公傑計偕上春官禱於神夢贈句曰至尊厭聽
如簧語莫向金門弄曉風明年成進士散館題爲禁苑
聞鶯公以神句爲結批云結有神助後憲宗嬖萬妃幾
爲之易儲傑因事諷諫蓋得諸神授又云九月二十一

日孝子誕辰又云墓在北門外四里孝子之父母皆在焉朱太尉墓在南朱村卽孝子外祖

李烈士

明王鏊姑蘇志曰神姓李名祿長興童莊人或曰卽名將李顯忠元顧盟廟記曰宋嘉定十七年王生於吳興之長興生時有靈人叩以雨暘禍福事必應年十八告鄉人曰吾勤王事將適山東之膠州匡坐卽逝寶慶初理宗賜兄濟王第於吳興含山人潘壬潘丙潛通李全將挾王北渡全兵誤期不至潛立王於吳興丞相史彌遠請師屠城將行理宗夢白衣者抵榻告曰臣李姓吳

與土神也夫使濟王僭竊者二潘也實有罪宜加其身若屠城一城人無辜理宗怪其事告史史夢亦如是遂命班師止戮二潘

明龔立本常熟縣志曰明冊封靈惠英烈福濟顯忠王景定間道士鄧道樞建廟於致道觀西廡俗呼觀爲李王宮在城南三十里者宋時賜袍及珠花尙存

明姚宗儀常熟私志云正月十八日神誕辰

城隍

易城復於隍（均案此城隍二字之始）禮天子大蜡八水庸居第八水卽隍也庸卽城也（均案此祭城隍之始）北史齊慕容儼鎭郢城

中先有神祠俗號城隍神南史梁邵陵王綸祭城隍神隋書五行志梁武陵王紀祭城隍神將烹牛有赤蛇繞牛口通典引鮑至南雍州記南陽城內有蕭相國廟相傳爲城隍神均案此六朝時城隍神唐李陽冰縉雲縣城隍記云城隍神祀典所無惟吳越有之均案似唐初城隍尚未列祀典又張說有祭荆州城隍文許遠有祭睢陽城隍文韓愈有祭袁州及潮州城隍文杜牧有祭城隍祈雨文李商隱有祭兗州城隍文爲懷州李使君祭城隍文桂州賽城隍文祭桂州城隍神祝文又有賽城隍文麴信陵有祭城隍文杜甫羊士諤皆有賽城隍詩又李德裕建成都城隍

廟均案此唐時城隍廟宋史蘇緘殉節邕州後交人入寇見大兵北來呼曰蘇城隍來矣又范旺守城死邑人爲設像城隍以祭張載治桂林見土地祠令毀之曰此事不經自有城隍在陸游云守令謁見儀在諸祠上社稷雖尊祗以令式從事至祈禱報賽獨城隍神而已均案此爲宋時城隍神明吳訥常熟縣城隍廟記洪武元年戊申詔封天下城隍神在應天府者以帝在開封臨濠太平府和滁二州者以王凡在府州縣以公以侯以伯時常熟循元制爲州得封城隍神曰鑒察司民城隍靈佑侯二年州改爲縣三年詔定嶽鎭海瀆俱依山水本稱城隍神號一體

改正於是改題木主曰常熟縣城隍之神鄭氏亳州志曰洪武元年封城隍之爵京都爲明靈王府爲威靈公州爲靈祐侯縣爲顯祐伯（均案此明代城隍爵例）又各處城隍皆以人鬼實之蘇州則中吳紀聞云春申君鎮江則陸游記云紀信甯波則袁桷延祐四明志引舊志亦曰紀信又昌國州城隍宋建炎四年賜額曰惠應引舊志云鄉人茹侯燕都則月令廣義云文天祥後爲楊椒山杭州爲周新濟南則歷城縣志云一姓楊一姓趙諱景文餘冬序錄云蕪湖城隍建於吳赤烏二年（均案此後人祀城隍神於赤烏古祠當時未必有）

紹興城隍

陸游嘉泰會稽志云城隍顯寧廟在子城內臥龍山之西南自昔紀載皆云神姓龐諱玉按唐書忠義傳實龐堅四世祖也京兆涇陽人魁梧有力明兵法仕隋爲監門直閤李密據洛口寖逼王都玉以關中銳兵屬王世充擊之百戰不屻煬帝崩乃率萬騎歸唐爲越州總管除梁州都督召爲監門大將軍卒贈工部尚書幽州都督初王鎮越惠澤在民旣卒邦人追懷之祀以爲城隍神梁開平二年吳越武肅王上其事封崇福侯五代會要作開平元年紹興元年詔以駐蹕會稽踰年妖祲不作行殿載

甯城隍崇福侯廟賜額顯甯封昭祐公三十年顯仁皇后靈駕渡江無虞加號忠順乾道五年加號孚應八年加號顯惠淳熙三年封忠應王又加號昭順靈濟孚祐郡人奉祀甚謹以九月十二日爲神生日享薦尤甚

台州府城隍

宋陳耆卿嘉定赤城志三十一云城隍廟在大固山東北唐武德四年建初吳尚書屈晃妻夢與神遇生子曰坦有神變能興雲雨後與母俱隱山中及是以屈氏故居爲州治祀爲城隍神水旱禱祈多驗吳越王時號興聖永安王國朝政和中以范守祖述請兩立廟賜額鎮

安建炎三年封顯佑侯四年以保護巡幸加通應紹興八年加靈惠乾道四年加昭貺慶元二年進靈濟公四年加靈佑六年加廣澤嘉泰四年加普應嘉定元年進順利王十六年復請諸朝加顯應又云慶元六年封靈佑尋加信助又人物門仕進三十二云舊經曰屈晃郡人吳志作汝南人爲尚書僕射時孫權欲廢和立亮晃諫叩頭流血權不納斥還鄉里後皓卽位封其子緒爲東陽亭侯弟韓恭爲立義都尉緒亦位至尚書僕射

土主廟

國朝吳大勳土主廟記曰滇南有土主廟相傳爲覲自

在憫夷人不知耕作變象示教滇人感有功德在上尊爲土主

九州神主阮使相公

王棻光緒黃巖志邑祖廟在縣南横街神姓阮不傳其名俗稱爲九州神主阮使相公卽白龍山之神也相傳宋紹聖時祈雨有驗敕封昭應侯後分其香火立廟城中姜丹書城中十廟考元方氏兵起邑之民居神宇咸毀惟廟獨存案廟名邑祖本此明宣德七年旱饑廟前二古樹忽雨穀居民賴以播種後樹枯民不忍棄斲爲香爐供於神座凡水旱疾疫禱之輒應

白馬相公

安徽懷甯縣志云漢建武中李憲餘黨涫于臨等聚衆數千人屯潛山殺安風令揚州牧歐陽歙遣兵討之不能克廬江陳衆爲從事白歙請往諭臨等乃單車駕白馬往說降之潛山爲立生祠號白馬陳從事云今舒桐間所在立廟皆曰白馬相公廟

閏八相公

安徽婺源縣志云明初邑人余海陽獵射麂母其子抱母號以死余感悟引鎗自殺其僕胡仲亦以身殉遂成神太僕余一龍爲立廟於沱川之充頭

朱相公 即朱六郎及紫微侯

光緒嘉興志朱相公祠在嘉善縣治西北三十里相傳宋高宗夢登紫薇樓而墜有力士持之得不委地問其姓氏則云秀州遷善三十五都朱六郎也既覺體汗猶溼訪之時六郎已死七日矣封爲紫微侯

顧相公

光緒嘉興志顧相公廟在平湖雅山東麓引九山志云神松江上海人有伏虎之異故褁一虎於案下一方香火最著靈驗

徐相公

張元忭萬歷紹興府志云徐相公廟在會稽縣學西明
徐渭碑云神姓徐名龍佛世鳳陽人宋端平三年三月
十三日生當父爲會稽學時嘗從道士拾雞卵腕之得
白雞以鬭莫有敵者父母憎其俠遂去家爲縣獄長未
幾改行讀書歸事其父母以孝聞歿而爲神至動人主
咸淳三年詔封神白衣頂真人越人爭奉之天順成化
間再拓其居於故所稱學西鬭雞場所至宏治初乃有
沈潤王世威事潤曰我嘗夜半膠舟淺水鬼火縈繞忽
失楫我迷怖號神忽聞空中雞遂獲楫以歸世威曰我
爲老人隨祭南鎮夜歸忽一白衣告虎至已而果赤虎

至我怖不能號白衣咤虎虎去翼我以歸及別問爲誰曰老夫會稽學西徐姓者也於是益信始請鄉先生陸建甯記於石而獄有像以祀神

白沃使君

光緒嘉興志引間窗括異志云相傳當湖初陷時白沃使君躍馬疾走不及遂駐馬以鞭指得湖東南一角水至不沒今此地獨高後人於此立廟

金大伯公

明姚宗儀常熟私志云邑之土地也廟在洋澳洋澳有宋嘉泰間建忠義庵

戚公子

國朝施可齋閩雜記云連江甯德福清皆有戚公子廟連江縣志言戚繼光平倭由連江進兵甯德以其子為先鋒傳令回顧者斬至白鶴嶺其子望見倭勢甚盛勒馬回顧將有所白立斬以殉戚止此子倭平後人哀之故為立廟然不傳其名字但稱戚公子均按明史不言戚有子

辟蛇童子

宋陸游入蜀記云晉慧遠法師祠堂遠公之側有一人執軍持侍立謂之辟蛇童子傳云東林故多蛇此童子盡拾取投之蘄州

井泉童子

太平御覽引白澤圖云井之精名觀狀如美女

國朝顧祿清嘉錄云除夕置井泉童子馬於竹篩內祀以餻果茶酒庋井闌上掩之謂之封井至新正三日或五日焚送神馬初汲水時指蘸拭目令目不昏

明南京太常記云十月朔祀井

土地

周禮春官大示而外有土示地示土示五土之示古之國社後世謂之官示地示地之百示記所謂大夫以下成羣立社曰置社社者是也每社二十五家後代謂之里

社明史里社每里一百戸立壇一所祀五土五穀之神今通謂之土地祠禮郊特牲正義引孝經援神契曰社者土地之主土地廣博不可徧敬故封五土爲社以報功也論衡譏日篇曰如土地之神惡人擾動雖擇日何益此社社神稱土地之始今世俗之祀土地又隨所在以人實之如縣治則祀蕭何曹參翰林院及吏部祀唐韓愈黟縣縣治大門內祀唐薛稷宋鮮于侁常熟縣學宮側祀唐張旭俱不知所自始若臨安太學祀岳飛則因其故第也（見宋史徐應鑣傳）湖州烏鎮普靜寺祀沈約則因寺僧本祀約也（見夷堅志）若此者不一而足又山堂肆考云王

知訓性貪惏入覲賜宴伶人戲作綠衣大面如鬼或問何爲者曰吾宣州土地也

土公

齊民要術載祝麴文曰東方青帝土公南方赤帝土公西方白帝土公北方黑帝土公中央黃帝土公主人某甲謹相祈請云云又太平御覽引裴玄新語俗間有土公之神云土不可動今玄有五歲女孫病詣市卜云犯土乃即依方治之病卒愈然後知天下果有土神矣

附土地公公生日

陳瑚尉遲土地廟序云社以祀山林川澤原隰之神謂

之地祇廟以祀先代之有功德者謂之人鬼今土地廟乃有陸宣公子胥武侯衞公之稱則合地祇人鬼而一也蓋自世以人實之於是二月二日之祀或有移祀於配食者之降生日矣抑知今之二月二日猶古之社也月令二月擇元日命民社鄭注謂社稷之神元日謂近春分前後戊日元吉也

社公

左氏昭二十九年傳社稷之神爲上公杜注用幣於社謂請救於上公後漢書方術費長房傳有社公之稱是天下之社神通謂皆宜公今譌爲土地公公且薾袍烏

帽裝白髮翁矣費傳云驅使社公又云此貍也盜社公馬耳

宋郭彖睽車志云劉知常襄陽人始生即皓首頳面俗謂之社公兒

宋周密癸辛雜誌云近時社公多爲囘囘所買或言其胸中有珠過二十以後則在膝則鑿之過三十以往則無之此妄傳也

住宅土地

夷堅志史省幹條云一叟烏幘白衣揖於庭內史趨下謝之曰翁爲何人曰予乃住宅土地神也

后土正神

通俗編曰凡今社神俱呼土地惟塋旁所祀稱后土邱濬家禮儀節曰温公書儀本開元禮家禮本書儀其喪禮開塋域及窆與墓祭俱祀后土后土之稱對皇天言也士庶家有似乎僭文公集有祀土地文今改擬后土氏亦爲土地之神又翦勝野聞云太祖嘗微行與監生某入酒家飲坐客滿案惟供司土地几尚餘空帝攜之地曰神姑讓我坐乃與坐對席也秣陵人家因皆供司土神於地今吳俗墓祭亦祀后土神於地

　龍驤將軍滁全和含都土地

滁州志曰滁州都土地廟在城南隅神姓王諱廷揚故

滁州守備明太祖圍張士誠於姑蘇中礮傷馬陰霧中
見有人以馬易之太祖問何人以故滁州守備王廷揚
對洪武十三年追封是號

清眞宮土地

明姚宗儀常熟私志云邑之土地也祠在致道觀中曰
眞官祠

李衛公

明姚宗儀常熟私志云邑之土地也廟在金涇
陸刻宋板夷堅丁志十一云溫城東有唐李衛公廟州
人每請禱祈夢無不應者紹興三十二年郡士木待問

蘊之得漕薦謁廟叩得失夢著紫衫獨立於田間士子數千輩擁一棺馳去皆回首視蘊之明旦以語同舍生潘檉檉解曰君當魁天下棺之字從木從官君得官無疑數千輩舁之明皆出君下也果如其言時同郡木子正亦夢神告曰明年本州再出狀元其姓名曰王棐子正以爲神報已必繼王十朋之後遂更名棐既而棐試下蘊之登科子正始悟木之身乃十字移旁兩筆合棐之上爲朋字其下復一木焉則十朋之後踵之者姓木而非棐也

馬明王　卽馬頭娘

原化傳拾遺曰蠶女當高辛時舊跡在蜀廣漢不知姓氏其父爲人所掠母誓於衆曰有得父還者以女嫁之衆莫應惟素所乘馬聞言絕拘絆去數日父乃乘馬歸母白之故父曰安有人而偶非類乎馬跑父怒殺之曝皮於庭皮忽捲女飛去栖於桑間化爲蠶一日乘雲駕此馬謂父母曰太上以兒心不忘義授以九宮仙嬪矣由是宮觀皆塑女像祈蠶披馬皮謂之馬頭娘

明郎瑛七修類稿曰所謂馬頭娘本荀子蠶賦身女好而頭馬首一語附會俗稱馬明王明王乃神之通號或作鳴非

明王

北魏書地形志東彭城郡渤海縣有東海明王神均案今稱社神爲明王之始

社稷明王

明姚宗儀常熟私志云邑之土地也廟在周市

社瀆明王

明姚宗儀常熟私志云邑之土地也廟在何墅

四道明王

明姚宗儀常熟私志云邑之土地也廟在縣西塘頭鎮

孟野

露天明王

明姚宗儀常熟私志云邑之土地也廟在錢市

博士明王

明姚宗儀常熟私志云邑之土地也廟在縣西南五十里西石井

蔣靈明王

明姚宗儀常熟私志云邑之土地也廟在縣西四十里蔣祈

顯跡明王

明姚宗儀常熟私志云邑之土地也廟在大河及曹橋

無澤明王

明姚宗儀常熟私志云邑之土地也廟在福山陸莊陸莊有慈義庵

李澤明王

明姚宗儀常熟私志云邑之土地也廟在九里

四澤明王

明姚宗儀常熟私志云邑之土地也廟在戈莊

四大明王

明姚宗儀常熟私志云邑之土地也廟在縣西二十里塘頭

沈大明王

明姚宗儀常熟私志云邑之土地也廟在顧涇

紫宮明王

明姚宗儀常熟私志云邑之土地也廟在署里村

潘景明王

明姚宗儀常熟私志云邑之土地也廟在潘墩

吳王

明姚宗儀常熟私志云邑之土地也廟在西門外山麓

元盧鎮琴川志曰熙甯間道士李則正建廟以祀夫差

越王

明姚宗儀常熟私志云邑之土地也廟在縣北七里

元盧鎮琴川志曰熙甯間道士李則正建廟以祀句踐

湯王

明姚宗儀常熟私志云邑之土地也廟在山塘

蕭王

明姚宗儀常熟私志云邑之土地也祀於縣獄

威相王

明姚宗儀常熟私志云邑之土地也廟在東西陶舍

潘祁丕王

明姚宗儀常熟私志云邑之土地也廟在近福山潘祁

廟東北里許有墩名令狐墩相傳云唐令狐綯葬此

䛒王之神

明姚宗儀常熟私志云邑之土地也廟近福山之下皋

皮場大王

宋樓鑰攻媿集北行日錄云入東京城改曰南京皮場廟甚飾雖在深處有望柱在路側各挂一牌左曰皮場儀門右曰靈應之觀

西湖志云神姓張名森相州湯陰人縣故有皮場鎮萃河北皮鞟蒸漬產蝎螫人輒死神爲場庫吏素謹事神農禱神殺蝎鎮民德之遂立祠宋時建廟汴京顯神坊

建炎南渡有商立者攜神像至杭州舍於吳山看江亭因以爲廟

元吳自牧夢粱錄云惠應廟卽東都皮場廟按會要云神在東京顯仁坊名曰皮場土地祠中興隨朝到杭累加號曰明靈昭惠慈佑王神妃封曰靈婉嘉德夫人靈淑嘉靖夫人按廟刻曰其神乃古神農於三皇時都曲阜世人食腥羶者卒致物故因集天下孝義勇烈之士二十四人分十二分野播種採藥至今於世極有神功兩廡奉二十四仙醫使者自漢唐至今殲寇助順聖跡不可殫紀

宋洪邁夷堅志張小娘子條云秀州外科張生本郡中虞候其妻遇神人自稱皮場大王授以癰疽異方一冊且誨以手法大概遂以醫著名俗呼爲張小娘子又轉以教其夫吳人章縣丞祖母章子厚侍妾也年七十疽發於背邀治之云難療章毋旋以此終婁夏生之妾項生一瘡張云此名翻花腦疽吾方書不載治法捨之去後數句妾竟死均案宋板夷堅甲志卷五載席旦死後爲皮場大王神以錢五百千與其子席益

國朝王峻蘇州府志云廟在府治西盛家濱

梨山大王

宋鄭起淸雋集有辭弔富沙黎山大王注云唐詩人李頻也其辭云昔駕五馬兮今衣袞裳詩人之窮兮詩人之昌

新唐書文藝傳云李頻爲建州刺史卒官父老相與扶柩葬永樂州立廟黎山

要離大王

明姚宗儀常熟私志云廟在縣西南四十里歸政鄉平墅

莫邪大王

明姚宗儀常熟私志云廟在縣南二十里莫城妙淸寺

右

胥吳大王

明姚宗儀常熟私志云邑之土地也在縣西五十里東石井

孫吳大王

明姚宗儀常熟私志云邑之土地也廟在小山

春申大王

明姚宗儀常熟私志云廟在縣西南三十六里練塘

徐偃大王

明姚宗儀常熟私志云廟在縣西四十五里膠山近江

陰永春鄉

高城大王

明姚宗儀常熟私志云邑之土地也廟在罟里村

國朝王峻蘇州府志云高城大王廟在震澤馬賦村

晏城大王

明姚宗儀常熟私志云邑之土地也廟在東潭

祝城大王

明姚宗儀常熟私志云邑之土地也廟在西潭

福順大王

明姚宗儀常熟私志云廟舊在南門內後改孔氏家廟

又改王蔦宅旋爲徐尙書第得之於僉事沈應魁後栻入宅見魁絳袍端坐旋病而卒又爲參政錢時俊所得均案卽武烈大帝陳杲仁之始封也今爲邑之土地

福善大王

明姚宗儀常熟私志云邑之土地也廟在銅官山

最仁大王

明姚宗儀常熟私志云邑之土地也廟在大隆墅

安邦大王

明姚宗儀常熟私志云邑之土地也廟在呂舍呂舍有廣福庵宋延慶元年與新莊圓應庵同日建

護國大王

明姚宗儀常熟私志云邑之土地也廟在慶安

姚王大王

明姚宗儀常熟私志云邑之土地也廟在河陽山前

何王大王

明姚宗儀常熟私志云廟在常熟縣東開元鄉唐市宋

乾道中建

翁聖大王

明姚宗儀常熟私志云邑之土地也廟在長亳

徐善大王

明姚宗儀常熟私志云邑之土地也廟在徐澤及徐岸

裴虺大王

明姚宗儀常熟私志云邑之土地也廟在河陽

湯明大王

明姚宗儀常熟私志云邑之土地也廟在黃村

陳曹大王

明姚宗儀常熟私志云邑之土地也廟在查岸

蘇李大王

明姚宗儀常熟私志云邑之土地也廟在五墩

唐金大王

明姚宗儀常熟私志云邑之土地也廟在下墅

柳楊大王

明姚宗儀常熟私志云邑之土地也廟在耿涇

蘆荻大王

明姚宗儀常熟私志云邑之土地也縣東北二里哮塘

有庵宋咸淳間建

上支大王

明姚宗儀常熟私志云邑之土地也廟在支塘

支墅大王

明姚宗儀常熟私志云邑之土地也廟在縣西五十里

潼莊

朱舍大王

明姚宗儀常熟私志云邑之土地也廟在大阜里

沙營大王

明姚宗儀常熟私志云邑之土地也廟在白茅後廢爲道士所居

宿金大王

明姚宗儀常熟私志云邑之土地也廟在北水門外居城

伍相大王

明姚宗儀常熟私志云邑之土地也廟在開元鄉陳浦又南沙鄉端委鄉皆有伍相里

保安大王

明姚宗儀常熟私志云邑之土地也廟在東徐市

新塵大王

明姚宗儀常熟私志云邑之土地也廟在南沙鄉第十二都新塵村亦稱新塵聖王廟在小吳市

傀儡大王

明姚宗儀常熟私志云邑之土地也廟在小陸墅

休留大王

明姚宗儀常熟私志云邑之土地也廟在小東門

牛頭大王

明姚宗儀常熟私志云邑之土地也廟在任陽

轉智大王

宋周去非嶺外代答云欽州陳承智名永泰熙甯八年交趾破欽死於兵先是交人謂欽人曰吾國且襲取爾州以告永泰勿信交舟入境永泰方張飲又報抵城復弗顧交兵入城遂擒承制以下官屬於行衙曰不殺汝徒取金帛爾既大掠則盡殺之欽人塑其像於城隍廟祀之號曰轉智大王凡嘲人不慧必曰陳承制云

草鞵大王

宋劉昌詩蘆浦筆記云蜀道上有百年古木枝葉繁茂陰可庇一畝故東西行者多憩其下或易屝屨則以其舊拋挂於枝上以爲戲久而積千百緉亦有卜心事者往往皆應人固神之忽一士人應舉過之旁無人爲取佩刀削樹皮書曰草鞵大王某年月日降莫有知者洎同塗則已立四柱小廟堂矣士笑而不言三年再至則祠宇壯麗亦有十數家於其側驚而問焉則備言其靈感士乃留宿而叩神曰神之號蓋某戲書胡然而至此盛耶抑神何人也是夕夢神紫綬而請見告之曰予此

近老鋪兵也平生不敢欺心揀汰之後每見負重而不能前者因爲送五里以息其肩無他長也不謂上帝錄是勞績顧未有所處得先聖書此號遂受敕俾血食士曰若何爲而能靈感神曰是非予所能也每有禱雨暘或休咎卽爲奏帝帝以其誠隨叩得請耳士曰然則某之前程可問乎神曰諾再夕夢神告曰必俟某年而後登第當至何官已而皆驗

景雲大王

明王鏊姑蘇志云廟在崑山縣東北蔚州邨祀唐尉遲恭相傳敬德生此邨或云封吳國公故廟食於此

桑墩四大王

明姚宗儀常熟私志云邑之土地也廟在縣東十五里顧墩顧墩有慈福庵宋嘉泰中建

寶大王

明姚宗儀常熟私志云邑之土地也廟在高墓

水草大王

同話錄世傳水草大王爲金日磾

白馬大王

坊刻夷堅志丙集上南康廟梁條曰湘潭境內黃岡白馬大王廟前有巨杉

宋板夷堅丙志卷七安民寃條載有白馬大王廟中小鬼爲祟事

白石大王

陸刻宋本夷堅丙志卷八云福州人陳祖安之父待兗州通判鬬夢黃衣吏持符至曰帝命公爲白石大王問所在曰今未也俟公見巨石玷一角乃當去及期復來迎矣覺而大惡之後赴官兩月謁泰山宿山下一寺適見庭下大石其一角正缺悵然不樂還郡未久而黃衣至遂以其日卒

漁父仙王

明姚宗儀常熟私志云邑之土地也廟在縣東二十五
里均墩邨

尙境仙王

明姚宗儀常熟私志云邑之土地也廟在潭蕩

東殿聖王

明姚宗儀常熟私志云邑之土地也廟在縣治東北文
學橋左宏治二年知縣楊子器即廟改爲張修撰洪祠
置祭田四十四畝

九郎聖王

明姚宗儀常熟私志云邑之土地也廟在壽塘

大聖山王

國朝王峻蘇州府志曰崑山之神也廟在崑山縣西北馬鞍山之陽宋崇甯間敕賜惠應廟額封靜濟侯紹興間加丞應湻熙間加昭德慶元間加顯貺開禧間改封昭惠公嘉定間加靈濟寶慶間加福應紹定間加康祐湻祐間封顯祐王

西風大聖廟

婺源縣志曰廟在沱川

何舍信王

明姚宗儀常熟私志云邑之土地也廟在老吳市

桑倫信王

明姚宗儀常熟私志云邑之土地也廟在縣東吳家市

東大仁王

明姚宗儀常熟私志云邑之土地也廟在蔣墓

東始齊王

明姚宗儀常熟私志云邑之土地也廟在花林

周白舍王

明姚宗儀常熟私志云邑之土地也廟在沈墩

宋監傷

明姚宗儀常熟私志云邑之土地也廟在五了涇

顧三郎

明姚宗儀常熟私志云邑之土地也廟在舍澤舍澤有崇福庵宋嘉熙中建

陶四郎

明姚宗儀常熟私志云邑之土地也廟在縣北三十六里永安山一名范山

潘七郎

明姚宗儀常熟私志云邑之土地也廟在千步村

白八郎

明姚宗儀常熟私志云邑之土地也廟在黃涇七星橋

白馬三郎

明姚宗儀常熟私志云邑之土地也廟在白蕩橋

玄陵三郎

明姚宗儀常熟私志云邑之土地也廟在旱北門郎永安舊社

玄陵四郎

明姚宗儀常熟私志云邑之土地也廟在北水門

攀花五郎

國朝徐逢吉清波小志云清波門舊土穀祠相傳神爲攀花五郎降壇自言宋時爲朱太尉運花石綱過太湖

大風覆舟而死生平忠直上帝命爲城西土穀神生時
喜簪花排行第五故稱攀花五郎
西官七郎
明姚宗儀常熟私志云邑之上地也廟在祁村
招寶七郎
明姚宗儀常熟私志云邑之土地也廟在慧日寺
張十六郎
明姚宗儀常熟私志云邑之土地也廟在下舍
張十七郎
明姚宗儀常熟私志云邑之土地也廟在三十都

陶四郎

萬歷温州府志云陶王廟在泰順縣四都神姓陶名仁備洪村人生而猛勇神靈年二十歲遇紫陽真人授仙訣其兄累獲罪獄中化像脫其難洪撫二州火神發風雨救之雲中見大旗書安固陶四郎字宋元間封猛將通天大使忠烈聖王

陳九郎　郎靈通感應安邦王　護國大聖

王蓁光緒黃巖志引赤城志曰廟祀陳九郎俗稱護國大聖舊傳陳於晉天福十二年策戰功死以靈顯得王封宋澶淵之役有旗金書王爵里揭陣中遂錫今封重

建廟後壞建炎二年以呵衞巡幸敕新之

五郎

宋板夷堅甲志十一云錢塘有女巫曰四娘者鬼憑之自爲五郎有問休咎者鬼作人語酬之或問先世驗其眞僞雖千里外酬對如響莫不諧合故咸安王韓公兄世良尤信暱導王令召之巫至韓府而五郎者不至巫踧踖不自安乃出後數日偶至靈隱寺鬼輒呼之巫詰其曩日不應命曰門神禦我於外不能達也

五通

唐柳宗元龍城錄曰柳州舊有鬼名五通余初到不之

信一日偶發篋易衣盡爲灰燼乃爲文醮訴於帝帝鑒
我心遂爾龍城絕妖邪之怪而庶士亦得以甯焉
宋項安世家說引灃陽志云五通神出屈原九歌今灃
之巫祝呼其父曰太一其子曰雲霄五郎山魈五郎即
東皇太一雲中君之類
宋洪邁夷堅志有五郎君條又劉樞幹得法條云見五
通神著銷金袍騎道而去又五通祠醉人條云會稽郡
城內有五通祠極寬大雖不預春秋祭典民俗甚敬畏
武林聞見錄曰嘉泰中大理寺決一囚數月見形獄吏
曰泰和樓五通神位虛設某欲充之求一差檄言差某

充神位得此為據可矣如其言經數月入閣樓上五通神日夜喧鬨吏乃泄前事為增塑一像遂寂然

宏治徽州府志曰唐光啟二年婺源王瑜者一夕園中紅光燭天見五神人自天而下導從威儀如王侯狀曰吾當廟食此方福祐斯民言訖昇天去爰即宅為廟祈禱立應聞於朝累有褒封宋大觀三年賜廟額曰靈順權邦彥為記宣和五年封通貺侯通祐侯通澤侯通惠侯通濟侯故稱五通

獨腳五通

夷堅志有獨腳五通條又會稽獨腳鬼條云獨腳五通

蓋山魈類也

福德五通

明姚宗儀常熟私志云縣譙樓之土地也

五聖

國朝翟灝通俗編云明太祖定天下封功臣夢陣亡兵卒千萬請恤太祖許以五人爲伍處處血食乃命江南家立尺五小廟俗稱爲五聖堂

樹頭五聖

國朝翟灝通俗編云今謂野中大樹皆有神棲止稱曰樹頭五聖五聖之號俗人率加若樹頭之神周禮大司

徒注云野無祉主者不立壇壝但依其野所宜樹木以棲田神則固言禮者所必及也水經漸江水篇注山陰有大樹神廟均案國策神叢史記叢祠即此類

魚花五聖

管子輕重篇立五厲之禁祭堯之五吏春獻蘭秋斂落原魚以爲脯鯢以爲殽若此則澤魚之征百倍異日國朝翟灝通俗編據此云今所謂魚米五聖源於此

湖州五聖

光緒歸安縣志十二云湖俗淫祀最信五聖姓氏源委俱無可考但傳其神好矮屋高廣不踰三四尺而五聖

夫婦將佐閒以僧道其處或塑像或繪像凡委巷空園及屋檐之上大樹之下多建祀之

八赤五相

明姚宗儀常熟私志云邑之土地也廟在八赤

西王母廟

隋書誠節傳京兆張季珣父祥開皇中遷幷州司馬仁壽末漢王諒舉兵反遣其將劉建略地燕趙至井陘祥勒兵拒守建縱火燒其郭下祥見百姓驚駭城側有西王母廟祥登城望之再拜號泣而言曰百姓何罪致此焚燒神其有靈可降雨相救言訖廟上雲起須臾驟雨

其火遂滅士卒感其至誠

漢書地理志金城郡臨羌縣下注云西北至塞外有西王母石室（均案水經河水篇二注云有湟水出塞外東逕西王母石室）又西域傳云安息長老傳聞條支有弱水西王母亦未嘗見也（均案西域傳又云條支臨西海是西王母乃西海遠荒之國從未有人至其地者也）太平御覽一百二十四引崔鴻十六國春秋前涼張駿錄曰酒泉太守馬岌上言酒泉南山即崑崙之體周穆王見西王母樂而忘歸即謂此山有石室王母堂珠璣鏤飾煥若神宮禹貢崑崙在臨羌之西即此明矣宜立西王母祠以裨朝廷無疆之福駿從之

史記趙世家索隱引譙周古史考云余嘗聞之代俗以東西陰陽所出入宗其神謂之王父母淮南子地形訓云西王母在流沙之瀕

武婆婆

宋周去非嶺外代答云廣右人言武后母欽州人今皆祀武后冠帔巍然巫者稱曰武太后孃孃俗曰武婆婆

黃道婆

明陳三恪海虞別乘云吾邑海鄉之種木棉實始於元其種由松江傳來蓋中國惟閩廣多種木棉紡績爲布名曰吉貝松江府東去五十里許曰烏泥涇其地磽瘠

民食不給謀樹藝覓種於彼初無踏車推弓之製率用手剖去其子綫弦竹弧置案間擣掉成劑厥功甚艱元初有一嫗名黃道婆者自崖州來乃教以造桿彈紡織之具至於錯紗配色綜綫絜花各有其法競相倣效溼民生計遂裕嫗死爲起墓立祠祀之知吾邑紡績斷自元始寶祐至正間尙未載木棉云今松江太倉及邑東鄉木棉之地均立廟祀焉國朝王應奎柳南隨筆亦載其事

昭靈夫人廟

太平寰宇記云昭靈夫人陵廟在陳留縣北三十七里風俗傳曰沛公起兵野戰喪皇妣於黃鄉天下平定乃

命使以梓宮招魂幽野有丹蛇在水自洒濯入梓宮其浴處仍有遺髮今廟號昭靈焉

孝祐夫人

兩浙名賢錄云唐代盧氏女居永嘉盧㬥嘗與母出樵遇虎將噬其母女急投虎口以代其母死後有人見女跨虎而行遂立祠祀之宋理宗朝賜號曰孝祐夫人

順懿夫人　臨水夫人　陳夫人

潘紹詒光緒處州府志云順懿夫人廟在麗水縣治西太平坊鶴鳴井南祀閩中女子陳靖姑引十國春秋曰靖姑陳守元女弟也嘗餉守元於山中遇餒嫗飯之遂

授以符篆驅使五丁汞福有白蛇爲孼惠宗召靖姑驅之靖姑斬蛇爲三詔曰蛇魅行妖術隱淪後宮誑欺百姓靖姑親率神兵以安元元功莫大焉其封爲順懿夫人食古田三百戸以一子爲舍人

彭潤章同治麗水縣志十三云婦女敬事夫人卽所稱順懿夫人護國馬夫人也順懿廟在太平坊鶴鳴井者香火尤甚凡求子者必赴廟虔禱兒生自洗兒及彌月週歲必設位於家供香火招瞽者唱夫人遺事曰唱夫人每歲上元前二日司事擇婦人福壽者數人爲夫人沐浴更新衣次日平明陞座各官行禮士女焚香膜拜

絡繹不絕至夜舁夫人像巡行街市張燈結綵鼓吹喧闐小兒數百人皆執花燈跨馬列前隊觀者塞路至元夕南園管疸夫人出亦如之（均案夫人姓與上條異）

國朝施鴻保閩雜記卷五云陳夫人亦稱臨水夫人閩中各郡縣有廟婦人奉祀尤謹梁茝林退庵隨筆載夫人名靖姑古田縣臨水鄉人閩王璘時夫人兄守元有左道隱居山中夫人嘗餉之遂受祕籙符篆役使鬼神曾至永福誅白蛇怪璘封爲順懿夫人後逃處於海上不知所終謝金鑾臺灣縣志又云夫人名進姑福州人陳昌女唐大歷二年生嫁劉杞孕數月會大旱脫胎祈

雨尋卒年祇二十四卒時自言吾死必爲神救人產難建甯陳清叟子婦孕十七月不娩神見形療之產蛇數斗古田臨水鄉有白蛇洞吐氣爲疫癘一日鄉人見朱衣人仗劍斬蛇語之曰我江南下渡陳昌女也言訖不見乃立廟於洞側自後靈蹟甚著宋淳祐中封崇福昭惠慈濟夫人賜額順懿後又加封天仙聖母青靈普化碧霞元君此說多本書坊所刊陳進姑傳加建甯陳清叟事據建甯志宋時浦城徐清叟子婦產難夫人幻形救之謝之不受問其姓名里居但曰古田人陳姓後徐知福州令人至古田訪之見廟中像悟爲夫人幻身乃

請於朝加贈封號今婦人臨蓐必供夫人像室中至洗兒日始拜謝而焚之與此說亦不同若書坊所刻傳尤多誕妄如云夫人七歲被風攝去至十三歲道成始歸嫁同里黃姓助王璘用兵及斬長坑鬼收石峽怪等事事既不典言亦無文或乃據之以爲廟中楹帖殊可笑也

赤石夫人

陸游嘉泰會稽志云赤石夫人廟在上虞縣北五里山腰有望夫石夕陽返照其色正赤狀如緋衣婦人鄉人異之爲立祠

石筍夫人　順天夫人

明嘉興會丙石筍夫人廟碑記云吾郡皆平壤也咸涫初東南十里石出如筍里人異之名石筍廟廟之中央題曰順天夫人而並列者三歷元至我朝景泰三年修建以迄於今

妙應柳夫人　痘神

湖北黃岡縣志云明代柳夫人齠年遭賊刃無所傷稍長好道家言適龍氏有子父諱正謀抗明兵力阻不聽與婿俱敗死家俘焉洪武初夫人溯舟江上至武磯愛其林巒洲渚請地於官許之有老叟袖書一卷授之時

將軍鄧愈討麻陽微服雜衆人中往見夫人獨指之曰將軍何不與耶且將軍毋輕敵有難吾當助之見羣鴉銜陣則吾來也愈進兵果敗忽鴉聲接羽而過見夫人緋衣躍馬風霆陡作沙石如射遂克麻陽事聞賜封妙應夫人建生祠武磯上年九十餘卒今舟商祭之曰水神鄉人以爲痘神皆祀之

燕國夫人

廟在蘇州府治東南燕家橋　國朝王峻蘇州府志云吳孫權乳母陳夫人捨宅爲通元寺後唐同光中移今所明盧熊蘇州志云宋湻祐中提刑胡穎拓四酒務隙

地爲射圃鑿河見古墓得石函上刻燕國夫人首級六篆字遽命碎之舊傳酒務本夫人宅

慧感靈孝昭順純懿夫人

元史順帝紀至元五年封曹娥爲慧感靈孝昭順純懿夫人

慧感顯應善利夫人

慧感夫人靈姑廟在蘇州承天寺卽寺之伽藍神也宋林戊靈姑廟碑記云元符戊寅夏吳中大旱至二年春夏之交城中溝澮堙淤蒸爲疫朝請郎祝公安上適判軍州事分禱所宜祀者一日會承天寺客言此梁衞尉

卿陸僧瓚捨宅為之昔號廣德重元寺陸卿有女不嫁
經營其事既死祀於寺東廡開寶中吳越忠懿王道出
吳江大風幾覆舟見女子拯之自言重元寺神也本國
加封號感應聖姑今里中祀之甚謹公聞即言明日致
禱既歸齋沐蔬食期得雨而後復膳黎明躬至祠下載
拜聽命未及命駕注雨滂沱即日闔境告足自爾有請
必應具白於外臺使者以聞詔封慧感夫人秩祀公侯
列於祀典又范成大靈姑廟記曰祝安上除知台州至
錢塘將濟夢一夫人告以風濤之險明日果覆舟數十
獨安上得免嘗有祝史竊廟中懸旛繫其身環走殿內

自言某寶盜也將夜半踰城還家神靈潛制於此建炎中金兵南下居民有事之者告以兵難不數日城陷乾道三年秋禱雨有應父老顧安時上其事加封慧感顯應善利夫人

中山夫人

水經瓠子河篇注云成陽城西二里有堯陵陵南二里有堯母慶都陵堯陵東城西五十餘步中山夫人祠堯妃也均按帝堯始封於唐唐縣兩漢屬中山故云中山夫人

茉莉夫人

國朝許纘曾東還紀程云善卷山之東半里有大石在

竹林中曰茉莉夫人鬼磨傳稱宣鑑和尚德山參證時夫人以磨磨麪供養大眾其說甚迂郡乘及袁中郎集皆載之茉莉夫人無考或云即諸天中有摩利夫人所稱鬼子母者或云張三丰集有茉莉元君疑即夫人未知孰是

眞國夫人

明姚宗儀常熟私志云眞國夫人邑之土地也廟在新莊新莊有圓應庵宋延慶元年與呂舍廣福庵同日建

陳社夫人

明姚宗儀常熟私志云陳社夫人邑之土地也在尙湖

南四里羅墩羅墩有鳳皇庵宋元祐中建

祝七夫人

明姚宗儀常熟私志云祝七夫人邑之土地也廟在縣

西北四十里魏莊

上仙夫人

明姚宗儀常熟私志云上仙夫人邑之土地也廟在蔡

姑

眞姑夫人

明姚宗儀常熟私志云眞姑夫人邑之土地也廟在九

折

勝姑夫人

明姚宗儀常熟私志云勝姑夫人邑之土地也廟在三

沼

三沼夫人

明姚宗儀常熟私志云三沼夫人邑之土地也廟在沼

涇

獨樹夫人

明姚宗儀常熟私志云獨樹夫人邑之土地也廟在太

平

煬帝夫人

明姚宗儀常熟私志云煬帝夫人邑之土地也廟在三墩

安濟夫人

宋吳曾能改齋漫錄云本朝開寶中眞州有漁者釣得木刻夫人背刻丁氏二字既歸神事之輒有靈驗立廟江上舟過其下者必祀而後濟州爲保奏封安濟夫人

上虛夫人

文選郭璞游仙詩注引初學記云常娥羿妻也逃月中蓋上虛夫人是也

淮南子覽冥訓羿請不死之藥於西王母姮娥竊以奔

月

浣花夫人

明楊愼升庵集云成都浣花谿有石刻浣花夫人像三月三日爲浣花夫人生日傾城出游地志云夫人姓任氏崔甯之妾成都通鑑云節度使崔旰入朝陽子琳乘虛突入成都旰妾任氏出家財募兵得數千人自率以擊之子琳敗走朝廷加旰尚書賜名甯任氏封夫人均案成都四月十九日浣花谿有遨頭之宴

保珠娘娘　珠媽廟　痘神

國朝施鴻保閩雜記卷四云福州登瀛橋旁珠媽廟道

光甲申初建時土工鄭高上墻跌死廟成塑總管神像於廡間因神必有姓名以乩問之乩書鄭高二字卽土工也跌死之處正其塑像處是像未有而其精氣已先在矣非偶然也珠媽廟神爲劉姓亦稱娘娘娘娘蓋痘神也今已移建左營司巷原處改建文昌宮矣

武陵娘子

國朝許纘曾東還紀程云辰常間人多尙鬼故祀典所不載而廟貌翼然者比比皆是如蠡山廟祀越相而山畔復有武陵娘子祠云大夫之妻載在府乘得非謂蘇臺歌舞沼吳有功黃金鑄像兼及若耶丰度乎

蘇小娘子

明姚宗儀常熟私志云蘇小娘子邑之土地也廟在嚴塘

石魚娘子

國朝王士禎秦蜀驛程後記云汧陽縣有石魚娘子廟具牲醴虔禱拾澗中石劈之輒得魚鱗鬣宛然均案酉陽雜俎載衡陽湘鄉縣石魚山山石黑色云云與此石相似又宋犖筠廊偶筆云友人沈仁伯於永平食石魚甚肥美云大纔盈寸產中破石取之

八字娘娘

國朝顧祿清嘉錄云八月八日爲八字娘娘生日像在

蘇城內北寺中一半老婦人插花滿頭相傳與人造命生前婦人爇香獻履再生可轉男身

楊九娘

國朝王應奎柳南隨筆云嘉定縣之東南有楊氏女名九娘父命夜守桔槔爲蚊所齧不易其處竟以羸死故其里至今名孝女里里人立廟祀之

花四娘

明姚宗儀常熟私志云邑之土地也廟在花莊

聖七娘

宋洪邁夷堅丙志云建炎初車駕註蹕揚州邦人盛稱

女巫聖七娘行穢迹法通靈能知未來事

國朝周亮工閩小紀云汀西邱坑口撥土一寸許卽有明珠大如粟色若水晶相傳爲聖七娘率師至此有珍珠傘爲敵所破當卽咒曰男拈之成水女拈之成粉雖事屬荒唐而男女得之者誠如所傳

露筋娘娘

明徐渭青藤書屋文集有蕭荷花祠詩自注云俗傳露筋娘娘者卽此

宋米黻露筋廟碑云神姓蕭名荷花

國朝王士禎題露筋祠詩曰翠羽明璫尚儼然湖雲祠

樹碧於煙行人繫纜月初墮門外野風開白蓮

唐段成式酉陽雜俎續集貶誤篇云相傳江淮間有驛俗呼露筋嘗有人醉止其處一夕白鳥蛄嘬血滴筋露而死據江德藻聘北道記云自邵伯棣三十六里至鹿筋梁先有邏此處足白鳥故老云有鹿過此一夕為蚊所食至曉見筋因以為名

柏姬廟　白雞廟

國朝施鴻保閩雜記卷五云柏姬廟在省城撫署東志言明兵入境元守臣柏帖穆爾殉難家人盡奔散獨其女自剄死後人旌其所居曰高節里又為女立廟曰柏

姬今訛爲白雞或說女有所愛白雞一日誤飛入井女救之亦死井中此最可笑書坊所刊白雞傳又云唐時有白雞年久得道化爲女子時方瘟疫製藥施捨全活甚衆後於白晝飛昇故立廟祀之是亦齊東野語也余乙巳初來閩嘗過廟見座上供木刻白雞神像則垂幃不可見廟嫗爲余述神事語多俚誕且土音不能辨讀東廡下碑乃知爲柏姬之訛

雙姑

湖北黃岡縣志載舊志云晉王孟威葬於縣北百十五里俗呼王墓山又有雙姑廟其二女姚英月英言與闕

索戰敗遂妻焉事無可考

邢三姑

元王逢梧溪集邢三姑廟詩云祖龍之世邢三姑事跡缺載鬼董狐相傳有功澱山湖百媪奔鉦當先驅原注地有百婆橋至今雕櫳映銅鋪祈祥弭患無日無

國朝汪巽東雲間百詠刻在滂喜齋叢書有會靈僊祠詩自注云秦邢氏三姑入湖爲神伯雲鶴主沉湖仲月華主柘湖季降聖主澱湖

七姑子

坊刻夷堅志甲下云汀州七姑子贛州亦有之蓋山鬼

也徧城郭邑聚多立祠宇其狀乃七婦人頗能興禍咎

國朝施鴻保閩雜記卷五云夷堅志甲集丙集皆載汀州七姑子事云是山鬼城郭邑聚皆立其祠其狀乃七婦人周密癸辛雜志亦載汀州貢院內有七姑子祠云是土神今汀屬諸處皆有七聖宮郡城中尤多像亦作七婦人長祗尺許或坐或立奉祀唯謹有謂即明溪莘七娘者非也唯諸書第載其異蹟其由來則不可考矣

聖姑　昇姑

在西洞庭山明盧熊蘇州府志云唐人記姑姓李氏有道術能履水行其夫殺之自死至唐中葉幾七百年顏

色如生儼然側臥祈禱者心有侮慢風迴其船無得達者每日沐浴裝飾爲除爪甲形質柔弱只如熟睡蓋得道者歟辨疑志稱大歷中洞庭昇姑寺有昇姑廟其棺柩在廟中俗傳姑死數百年其貌如生遠近賽禱歲獻衣服裝飾不絕其巫祕密云不可就視棺開即有風雨之變里人敬視無敢窺者有李七郎荒狂不遑率奴客啟棺惟朽骨髑髏而已亦無風雨之變又續志云舊傳晉王彪有二女長號聖姑次素姑常著柘木屐子涉水而行衣不霑溼人以爲神遂立廟

新村聖姑

明姚宗儀常熟私志云新村聖姑邑之土地也廟在駱駝墩

楚姑

國朝梁紹王兩般秋雨庵隨筆云楚姑義帝女也帝爲項羽所弒姑年十四遂自殺楚人立祠以祀在盱眙縣署後山相傳卽故葬處見縣志

女郎廟

水經沔水篇注云女郎山上有女郎冢遠望山墳嵬嵬然高及卽其所栽有墳形山上直路下出不生草木世人謂之女郎道下有女郎廟及擣衣石言張魯女也

又濟水篇二注云章丘縣城南有女郎山山上有神祠俗謂之女郎祠左右民祀焉
又瀠水篇注云祁夷水西有隨山川上有神廟謂之女郎祠方俗所祀也
三姑廟 吉陽廟
黟縣志曰廟在吉陽山故又名吉陽廟宋紹興十七年賜廟額顯濟文選注引宣城記曰登蓋山百步有泉有舒氏女與父析薪此山坐泉處忽牽挽不動父遽告家惟見淸泉湛然因名舒姑泉

鑄鼎餘聞卷三終

邑後學劉廣基謹校刊

鑄鼎餘聞卷四

常熟姚福均子成輯

十二仙

宋黃休復益州名畫錄云道士張素卿於簡州開元觀畫容成子董仲舒嚴君平李阿馬自然葛元長壽仙黃初平葛永璝竇子明左慈蘇耽十二仙君像各寫當初賣卜賣藥書符導引時眞筆蹤灑落當代名流皆推畫手蜀檢校太傅安公思謙好古博雅甲寅歲十一月十一日值蜀主降誕之辰安公進素卿所畫十二仙眞形十二幀蜀主命翰林學士禮部侍郎歐陽烱次第讚之

令翰林待詔黃居寶八分書題之乾德三年聖朝克復吏部侍郎呂公餘慶鎮蜀求古畫圖書並將進呈斯畫與焉

馬自然

唐于逖聞奇錄云馬自然貌醜鼻秃鬢大口飲酒石餘醉眠卽以拳入口人有疾病告之折薪草呵而與食無不瘥者嘗吟云昔日曾隨魏伯陽無端醉臥紫金牀東君謂我多情懶罰向人間作酒狂後往梓州上昇

咸湻臨安志方外門載馬自然名湘鹽官人大中祥符元年卒葬於其家之東園明年東川奏劍州梓潼縣道

士馬自然白日上昇帝命杭州發其冢止存竹杖均案志又載其訪常州刺史馬植會飲事植乃唐宣宗時人大中三年由中書侍郎罷爲天平軍節度使又貶常州刺史則大中祥符元年當作大中九年四字

嘉靖瑞安縣志云馬湘字自然杭之鹽官人至安固卜居西峴山下每有紫霞覆其居復於峴山周圍鑿二十八井以厭鬱攸之患遂捨所居爲寺名棲霞又與其徒王延叟煉藥於松山西壑有雙鶴翔舞一日跨鶴上昇今丹竈井臼俱存

萬歷溫州志載馬自然至宋時與紫陽眞人張平叔遇事見金丹四百字序中

瑞安西峴山煉丹臺東面磨崖石刻馬自然詩兩首前一首卽于逖聞奇錄所載第二首云何用燒丹學駐顏靜非塵市鬧非山時人若覓長生藥對景無心是大還

蜀八仙

太平廣記引野人閒話云西蜀道士張素卿神仙中人也蜀主生日或收得素卿所畫八仙眞形八幅以獻孟昶歡賞久之賜物甚厚八仙者李已容成董仲舒張道陵嚴君平李八百范長壽葛永璝黃氏

明楊愼升庵集有蜀八仙云譙秀蜀記載蜀之八仙首容成公云卽鬼容區隱於鴻冢今青城山也次李耳生

於蜀今之青羊宮也三曰董仲舒亦青城山隱士非三策之仲舒也四曰張道陵今大邑鶴鳴觀五曰莊君平卜肆在成都六曰李八百龍門洞在新都七曰范長生在青城山八曰爾朱先生在雅州有手書石刻五經在洞中

附仙宗十友

宋黃休復益州名畫錄云石恪工古體人物有陳子昂盧藏用宋之問高適畢搆李白孟浩然王維賀知章司馬承禎仙宗十友圖

范長生

陸游題丈人觀道院壁詩欲笑飛仙未忘俗金貂猶著侍中冠自注云孫太古畫范長生作舉手整貂冠像神氣尤奇逸

鍾離先生

陸心源重刻宋板夷堅乙志十二云政和初成都有鑷工出行廛間妻獨居一髽髻道人來求摘髭毛先與錢二百妻謝曰工夫不多只十金足矣曰但取之爲我耐煩可也遂就坐先剃其左次及右旣畢回面則左方毛已茁然又去之右邊復爾如是至再三日過午妻不勝厭倦還其錢罷遣之夫歸具以告夫慍曰此必鍾離先

生也何爲拒之正使盡今日至明日爲摘鬄亦何所懼吾之不遇命也卽狂走於市呼曰先生捨我何處去夜以繼日飢渴寒暑皆不顧如是三四年徧歷外邑後至一山逢樵人弛擔樵詰之曰汝何爲者告以故樵者曰此神仙中人彼來尋君則可君今僕僕一生亦何益吾雖至愚然聞得道者非積陰功至行不可僥冀吾有祕術授君君假此輔道摩以歲月儻遂如願戲拔茅一莖噓之則成金釵謂工曰試用吾法爲之當有濟工曰此爲幻術不足學我所願則見先生耳樵者曰君未見其人正遇之何以識曰詢於吾妻得其貌已圖而置之袖

中矣樵者曰然則君三拜我我能令君見王設拜拜起樵問曰覩吾面何如曰猶適所覩耳再拜又問至於三覩之無復樵容儼然與所圖無少異曰汝直至誠求道耆汝哀號數年聲徹雲漢間上帝亦深憐汝志故令吾委曲喚汝汝從我去遂與俱入山中後二年還鄉別其所知而去至今不再出

呂純陽

光緒無錫金匱縣志云純陽帝君廟嘉慶十一年奉文通祀

明沈德符野獲編云嘉靖二十五年以承禧仙宮成命

成國公朱希忠祭告朝天等宮首揆夏貴溪告純陽孚佑帝君呂洞賓屢著靈異（均桀爵以帝號始見於此）

國朝張道臨安旬制紀云潞王有呂眞人畫像風左則鬚飄而右風右則鬚飄而左相傳仙筆也

宋范致明岳陽風土記云呂先生河中府唐禮部尙書渭之孫海州刺史讓之子會昌中兩舉進士不第去游廬山遇異人授劒術得長生不死之訣

明都穆聽雨紀談云元遺山編唐詩鼓吹中有呂洞賓詩一首郝天挺注曰洞賓名巖京兆人咸通中及第兩調縣令値巢賊亂移家歸終南得道莫測所往予觀洞

賓本傳曰祖渭禮部侍郎父讓終海州刺史洞賓始名紹先年二十不從婚娶舉進士滯場屋二十三年乃罷舉縱游天下未嘗言及第與爲縣令也天挺此說豈別有所據耶

唐臧叔倫寄題萬德躬故居詩云呂仙祠下寒砧急帝子閣前秋水多均按此呂仙在前

集仙傳云呂嵒字洞濱一字希雲九江人也均按籍貫又異字亦小異

宋吳曾能改齋漫錄云呂洞賓岳州有石刻云吾乃京兆人唐末累舉進士不第因游華山遇鍾離傳授金丹

大藥之方復遇苦竹眞人方能驅使鬼神均案據此呂仙有二師

又云世傳呂先生詩黃鶴樓邊吹笛時白蘋紅蓼對江湄哀情欲訴誰能會惟有清風明月知此呂先生非洞賓乃名元圭者也其詩元題於石照亭窗上或云元圭乃先生別字

宋王銍默記云李教者都官郎中曇之子自少學左道變形匿影飛空妖術既成而精同黨皆信服焉曇之母夏日晝寢於堂而堂階前井中忽雷電霹靂大震有黃龍自井飛出母怖投牀下徑死家人徐視之乃教所變龍郎教也曇怒杖之垂盡逐出教益與惡少薄游不檢

一日書娼館曰呂洞賓李教同游曇遣人四出捕之教自縊死久之王則叛於貝州聲言教爲謀主朝廷聞之大駭捕曇及教妻兒兄弟下獄又於娼館得教所題詔天下捕李教及呂洞賓二人會貝州平本無李教者始信其眞死矣乃獨令捕呂洞賓甚久乃知其寓託無其人乃已均按呂仙遺名捕豈亦劫數耶

沈汾續仙傳云呂洞賓憩岳州白獄寺有老人自松梢下曰某松樹精也見先生過禮當候見呂因書壁曰獨自行來獨自坐無限世人不識我惟有城南老樹精分明知道神仙過均案世以爲柳樹者誤由於元人谷子敬城南柳劇

國朝周亮工書影云鶴生他處足皆黑在南通州呂四場所産足皆綠背有龜紋相傳純陽四至其地故場名呂四鶴爲黃鶴遺種云

鐵拐李

元人雜劇有岳百川李鐵拐樂

國朝褚人穫堅瓠集云鐵拐姓李質本魁梧早歲聞道修眞巖穴李老君與宛邱先生嘗降山齋一日李將赴老君之約於華山囑其徒曰吾魄在此儻游魂七日不返方可化吾魄也徒以母病迅歸六日化之李至七日歸失魄無依乃附一餓莩之屍而起故其形跛惡耳

宋蔡絛鐵圍山叢談云魏漢津黥卒也自云遇李良仙人以其八百歲世號李八百者得尸解法已六世尸解復投他尸而再生

曹休

太平廣記引神仙感遇傳云于濤宰相琮之姪隨琮南遷途經平望驛維舟方食有叟自門直抵廳側問叟何人對曰曹老兒問其所來對曰郎君極有好官職此行不用憂問其所能云老叟無解但見郎君此後官職高顯不可一一敘之請濡毫執筆隨語紀錄詞多隱密亦敘相國牽復之事問叟頗好酒否叟忻然爲請卽以銀

盂令自酌飲頃之酒盡遂以銀盂枕首而睡及旦失叟惟銀盂在焉驚問訪求莫知所止人或云曹休博士也曹休魏之宗室仕晉爲吏宦齊梁之間或處朝列得神仙之道多游江湖間往來買販常賑救人以陰功及物人多有見之受其遺者均按魏志休疽發背薨謚壯侯

曹拮休

南唐劉崇遠金華子雜編云曹佶休莫詳其州里有妻孥居扁舟中往來宣池金陵每於山中兩錢價買柴赴江下一錢價賣與人自云喫利不盡善符鄉里牛瘴即以片紙書云曹拮休揀殘牛與牛主令歸貼於牛羣之

大者角上無不立愈此人靈異甚多見於沈汾侍御所著續仙傳

韓湘

全唐詩第十二函第七冊云韓湘字清夫愈之猶子也落魄不羈愈强之婚宦不聽學道仙去

姚合有答韓湘詩云子在名場中屢戰還屢北又云昨聞過春闈名係吏部籍三十登高科前塗浩難測

唐書宰相世系表云韓湘字北渚大理丞

元劉斧青瑣高議云湘字清夫文公姪孫也落魄不羈公勉之學乃笑作詩有能頃刻花之句公曰汝能奪造

化乎湘遂聚土覆盆良久曰花已發矣舉盆見碧花二朵葉間有小金字乃詩一聯云雲橫秦嶺家何在雪擁藍關馬不前公未曉其意後貶潮州有一人冒雪而來乃湘也謂公曰憶花上句乎今日事也公詢地名即藍關再三嗟歎遂足成其詩一封朝奏九重天云云

何仙姑

宋曾敏行獨醒雜志云何仙姑永州民女子也因放牧野中遇人啗以棗因遂絕粒能前知人事獨居一閣往來士大夫率致敬焉狄武襄征南師出永州以兵事問之對曰公必不見賊賊敗且走初未之信武襄至邕境

之歸仁鋪先鋒與賊戰賊大敗智高遁走入大理國其
言有證類如此閣中有遺像嘗往觀之
宋魏衮東軒筆錄云永州有何氏女幼遇異人與桃食
之遂不飢無漏自是能逆知禍福鄉人神之爲搆樓以
居世謂之何仙姑士大夫之好奇者多謁之以問休咎
王逵爲湖北轉運使巡至永州召於舟中留數日是時
魏綰知潭州與逵不叶因奏逵在永州取無夫婦人阿
何於舟中止宿又有周師厚者爲湖北路提舉常平人
或呼爲夢見公蓋以其姓周也蒲宗孟爲湖北察訪因
奏師厚昏不曉事致吏民呼爲夢見公二人皆以此罷

去蓋疑似易乘使朝廷致惑也均案宗孟神宗時人又云潭州人士夏鈞罷官過永州謁何仙姑而問曰世人多言呂先生今安在何笑曰今日在潭州興化寺設齋鈞專記之到潭日首於興化寺取齋歷視之其日果有華州回客設供

宋李昌齡樂善錄云何仙姑在世間時一主簿忽得天書字不可識以問仙姑姑曰天書言主簿受金十兩折祿五年

國朝鄧淯嶺南叢述引黃氏志云何仙姑廣州增城人何泰女也生而紫雲繞室頂有六毫四歲能舉一鈞恆

自謂則天童子時開耀間唐固未罹武氏禍也事親有孝行性靜柔簡淡所居春岡地產雲母嘗夢老人授以服餌法漸覺身輕健有詩曰鳳臺雲母似瓊花鍊作芙蓉白雪芽笑殺狂遊句漏令更從何處覓丹砂後果有鳳來集上遂改名鳳臺云岡東北與羅浮相望嘗曰將游羅浮父母怪之私爲擇配結褵之夕忽不知所之留詩屏硯間曰麻姑怪我戀塵囂一隔仙凡道路遙去去滄州弄明月倒騎黃鶴聽鸞簫明早起視家側井邊有遺履而已頃之有道士來自羅浮見仙姑在麻姑石上顧謂道士曰而之增城屬吾親收拾井上履口占三絕

寄其家曰鐵橋風景勝天台千樹萬樹桃花開玉簫吹
過黃龍洞句引長庚跨鶴來寄語童童與阿瓊休將塵
事惱閑情蓬瀛弱水今清淺滿地花陰護月明已趁羣
眞入紫微故鄉回首尙遲遲千年留取井邊履說與草
堂仙子知其後天台李令與謝草堂春者表其事焉仙
姑又嘗於羅浮黍珠庵東壁題一絕字比晉人差淸婉
少骨壁後半毁惟餘百尺水簾飛白虹笙簫松柏語天
十三字其下必風也後二句人無能續之者
又引太平廣記云廣州有何二娘者以織鞋子爲業年
二十與母居素不修仙術忽謂母曰住此悶意欲行游

後一日便飛去上羅浮山寺山僧問其來由答云願事
和尚自是恒留居止初不飲食每爲寺衆採仙果充齋
亦不知其所取羅浮山北是循州去南海四百里循州
山寺有楊梅樹大數十圍何氏每採其實及齋而返後
循州山寺僧至羅浮山說云某月日有仙女來採梅驗
之果是何氏所採之日也由是遠近知得仙後乃不復
居寺或旬月則一來耳唐開元中敕令黃門使往廣州
求何氏得之與使俱入京中途黃使悅其色意欲挑之
而未言忽云中使有如此心不可留矣言畢湧身而去
不知所之其後絕迹不至人間矣疑即增城何仙姑云

國朝楊秉杷雜錄云何仙姑名瓊見陶白齋雜記又見謝仙條

陸刻宋板夷堅丁志十三云邢舜舉者大觀間由武舉入官爲虢州巡檢平生耽好道術凡以一伎至必與之友嘗獨行郊外逢婦人竹冠道服前揖曰君非邢良輔乎曰然一生何所好曰好修養術然學之頗久了未覩其妙曰君雖酷好奈俗情未斷何吾與君一藥用新水服之非唯延齡又能斷衆疾亦修眞之一端也邢喜謝曰幸甚固未暇即服又探袖中取一方曰還少丹授之曰餌此當有益稍疑其異人試問休咎曰前程難立談

君中年將困阨晚始見佳處耳復叩其姓氏居止笑曰與君相從久何問爲獨不憶壁間畫卷乎乃我也今日故告君必敬必戒毋忘斯言忽不見邪亟還舍審厥像蓋所事何仙姑道貌與適遇婦人無少異怏怏自失取水吞藥且如方治丹謹服之覺精力益壯顏色潤好暨南渡出入岳少保之門歷福建路鈐轄坐岳事貶竄不數年併失口子家道淪替幾二十年方得隨州鈐轄知郢州後致仕居襄陽逮乾道癸巳春秋八十九矣略無病苦目光如童兒髮不白猶能上馬馳騁人指爲還丹之驗後三年方病病起三月又大瀉腹中出一物如升

堅滑有光無穢氣那慘然語旁人曰藥丹旣下吾無生理矣明日而卒

馬仙姑

宋板夷堅甲志十五云果州馬仙姑者以女子得道嘗爲一乞賴道人醉以藥酒而淫之後忽忽如狂靖康元年閏十一月二十五日衣衰麻杖經哭於市曰今日天帝死吾爲行服市人皆唾罵逐之後聞京師以是日失守

張三丰 卽張邋遢亦作張剌達

明黃槐雙槐歲鈔云東海近出二仙其一卽張三丰遼

東義州人張仲安第五子本名君實均案明史方技傳作君寶字全
一別字元元自號保和容忍三丰子元末居寶雞金臺
觀辭世留頌而逝民人楊軌山爲棺殮臨窆發視之復
生乃入蜀抵秦居武當游襄鄧往來長安歷隴岷甘肅
永樂中遣都給事胡濙道錄任一愚岷州衞指揮訪求
未獲天順末或隱或見上聞之封通微顯化眞人
國朝許纘曾滇行紀程云平越府南門有高眞觀爲張
三丰仙師道場向西南行曰卓筆山稍西上高坡曰倒
馬坡坡半見隔山石壁如屛懸崖千仞壁上有仙師影
首戴華陽冠側身杖策而行分明可見其旁刻神留字

宙四大字陳鼎云府南五里卽武勝關石壁四字明撫軍郭青螺書

明徐禎卿異林云張剌達相傳是宋時人爲華州掾嘗從徐州太守入華山謁陳摶先生已而一道人至藍袍葛巾據榻端坐太守不悅先生請曰先生袖中何物幸以相貺道人探出棗三枚以白者授先生赤者自吞食之青者投太守太守愈不悅以奉掾掾遂啖之道人遽出太守問先生是何道者先生曰此純陽眞人也太守悔恨不及張公自後得道國初時游人間太宗開邸北平嘗召見之語有神異

國朝徐岳聞見錄云明初張邋遢旣化於甘州張指揮

園中後屢見他所成祖下詔求之不得今西域入貢者
猶云三丰爲某台吉供養見在不死
國朝陳鼎滇黔紀游云平越郡城內有張邋遢修道故
跡邋遢名三丰閩人洪武間以軍籍戍郡蓬頭赤足丐
於市人呼爲邋遢翁
國朝陶澍蜀游日記卷一云陝西寶雞縣金臺觀在城
東北山上相傳張三丰嘗隱此號曰邋遢遼東人或云
即寶雞人

周恢

國朝范鉽廣雁蕩山志引萬歷温州府志云元代周恢

瑞安人字復元宋末避亂青田山中絕意仕進從蔣梅莊受玄學居雁蕩一日遇鬆角道人坐場山茅舍酣飲恢前致禮勿顧是夜宿其傍夜半見道人坐起兩目光各丈餘俄合爲一及曙恢市酒酌道人道人持滿呼飲之覺神爽體輕須臾又一道人至道人曰此沖應葛仙翁也可拜而師之恢如言仙翁出書一帙俾恢錄之仍授密印由是飛神上下去來無礙不啖煙火食者四十二年凡禱雨雪俱立應泰定丁卯三月索紙筆書曰混一元宗四十六年時來果熟撒手高眠紫雲匝地黃鶴瀰天淹然而逝

劉海蟾

國朝翟灝通俗編引湖廣通志云劉元英號海蟾子廣陵人仕燕王劉守光爲相一旦有道人來謁索雞子十枚金錢十枚置几上累卵於錢如浮圖海蟾驚歎曰危哉道人曰人居榮樂之場其危有甚於此者復盡以錢擘爲二擲之而去海蟾由是大悟易服從道歷游名山所至有遺跡宋初於潭州壽甯觀題詩仍自寫眞於傍此卽今劉海灑金錢之說所託

國朝宋長白柳亭詩話云代州壽甯寺有劉海蟾古詩十韻題云廣甯閑民劉操書今全眞家推翁爲祖翁之

姓名鄉里且不能知況其道乎均按潭州代州廣甯廣陵地名各異

國朝褚人穫堅瓠集引蝎石臍談載劉海蟾事云海蟾姓劉名嘉渤海人十六登甲科仕金五十至相位有二異人坐道旁延之入談修眞之術二人默然但索金錢一文雞卵一枚擲於案以雞卵累金錢上嘉傍睨曰危哉二人曰君身尤危何啻此卵嘉悟納印入終南山學道得仙均案道家分南北二宗南宗有遼進士劉操北宗有金王嘉此條當考

附道家南北二宗

明都印三餘贅筆云南宗自東華少陽君得老聃之道以授漢鍾離權權授唐進士呂巖遼進士劉操操授宋

張伯端伯端授石泰泰授薛道光道光授陳楠楠授白玉蟾玉蟾授彭耜北宗自呂巖授金王嚞嚞授七弟子其一邱處機次譚處端次劉處元次王處一次郝大通次馬珏及珏之妻孫不二又云王嚞嘉定中抵甯海州馬珏夫婦築庵事之題曰全眞由是宗其道者皆號全眞道士

附方士僞託

國朝王士禛池北偶談云順治中安邑知縣鹿盡心者得瘻瘰疾有方士挾乩術自稱劉海蟾教以食小兒腦即愈鹿重價購小兒擊殺食之所殺甚眾而病不減復

請於乩仙復教以生食囟更生鼈小兒腦吸之致死者
不一病竟不愈而死事隨彰聞實方士於法
陸刻朱板夷堅丁志卷四云王筌字子眞鳳翔陽平人
其父登科兄弟皆爲進士筌獨閒居樂道一日郊行憩
瓜圃間野婦從乞瓜乳齊於腹筌知非常人問其姓曰
吾蕭三娘也筌取瓜實諸橐以遺之婦就食輟其餘曰
爾可嘗乎筌接取而食無難色婦曰可教矣神仙海蟾
子今居此當度後學吾明日挾汝往見及見海蟾曰汝
以夙契得遇我命長跪傳至道授丹訣戒以積功累行
遂還家白母遺妻歸周游名山一時大臣薦其賢賜封

沖熙處士均案筌事後半在茅眞君條

和合　萬迴

國朝翟灝通俗編云雍正十一年封天台寒山大士爲和聖拾得大士爲合聖均案俗謂之歡天喜地談賓錄及太平廣記異僧部引兩京記曰萬迴師閿鄉人俗姓張氏兄戍安西音問隔絕父母日夕涕泣迴曰詳思兄所要者衣裘糗糧巾履之屬請悉備某將往忽一日朝齎所備而往夕返其家告父母曰兄平善矣視之乃兄迹也宏農抵安西蓋萬餘里以其萬里迴故號曰萬迴也先是玄奘法師向佛國取經見佛龕題柱曰

菩薩萬迴謫向閿鄉地教化奘師馳驛至閿鄉縣問此有萬迴師無令呼之萬迴至奘師禮之施三衣瓶鉢而去後則天追入內語事多驗儀形瓌偉善於飲啖景龍中時出入士庶貴賤競來禮拜萬迴披錦袍或笑駡或擊鼓然後隨事爲驗

明田汝成西湖游覽志云宋時杭城以臘日祀萬回哥哥其像蓬頭笑面身著綠衣左手擎鼓右手執棒云和合之神祀之人在萬里外可使回家故曰萬回

唐段成式酉陽雜俎忠志篇曰上嘗夢白烏飛蝙蝠數十逐而墮地驚覺召萬回僧曰大家即是上天時

酉陽雜俎貝編篇云僧萬迴年二十餘貌癡不語其兄戍遼陽久絕音問或傳其死其家爲作齋萬迴忽捲餅茹大言曰兄在我將饋之出門如飛馬馳不及及暮而還得其兄書緘封猶溼計往返一日萬里因號焉

又云天后任酷吏羅織位稍隆者曰別妻子博陵王崔玄暉位望俱極其母憂之曰汝可一迎萬迴此僧寶誌之流可以觀其舉止禍福也及至母垂涕作禮兼施銀匙筯一雙萬迴忽下堦擲其匙筯於堂屋上掉臂而去一家謂爲不祥一日令上屋取之匙筯下得書一卷觀之乃讖緯書也遽令焚之數日有司忽即其家大索圖

識不獲得雪時酷吏多令盜夜埋蠱遺識於人家經月乃密籍之博陵微萬迴滅族矣

鍾馗

宋黃休復益州名畫錄云蒲師訓蜀人也甲寅歲春末周顯德元年蜀主孟昶夜夢一人破帽故襴麗眉大目方頤廣顙立於殿階跂一足曰請修理之言訖寢覺翌日因檢他籍見此古畫是前夕所夢者故絹穿損畫之左足遂命師訓令驗此畫是誰之筆對曰唐吳道子之筆會應明皇夢云痁者神也因令重修此足蜀主復夢前神謝曰吾足履矣上慮爲祟命焚之

又云每年杪冬末旬翰林例進鍾馗丙辰歲趙忠義進
鍾馗以第二指挑鬼眼睛蒲師訓進鍾馗以母指剜鬼
睛二人鍾馗相似惟一指不同蜀主問孰爲優劣黃筌
以師訓爲優蜀主曰師訓力在母指忠義力在第二指
筆力相敵難以升降
宋郭若虛圖畫聞見志云吳道子畫鍾馗以左手捉鬼
以右手抉鬼目蜀主愛重之謂黃筌曰若用拇指掐其
目愈見有力試爲我改之筌請歸私室乃別張綃素畫
一鍾馗以拇指掐鬼目幷吳本獻上曰吳道子所畫鍾
馗一身之力氣色眼貌俱在第二指不在拇指故不敢

輒改今臣所畫雖不遠古氣色眼貌俱在第一指蜀主嗟賞之均案此與上條傳聞不同

宋沈适補筆談卷三云禁中舊有吳道子畫鍾馗其卷首有唐人題記曰明皇開元講武驪山幸翠華還宮上不懌因痁作將踰月巫醫殫技不能致良忽一夕夢二鬼一大一小其小者衣絳犢鼻屨一足跣一足懸一屨搢一大筠紙扇竊太眞紫香囊及上玉笛繞殿而奔其大者戴帽衣藍裳袒一臂鞹雙足乃捉其小者刳其目然後擘而啖之上問大者曰爾何人也奏云臣鍾馗氏即武舉不捷之士也誓與陛下除天下之妖孽夢覺痁

苦頓瘳而體益壯乃召畫工吳道子告之以夢曰試爲
朕如夢圖之道子奉旨恍若有覩立筆圖訖以進上瞠
視久之撫几曰是卿與朕同夢耳何肖若此哉道子進
曰陛下憂勞宵旰以衡石妨膳而痁得犯之果有蠲邪
之物以衛聖德因舞蹈上千萬歲壽上大悅勞之百金
批曰靈祇應夢厥疾全瘳烈士除妖實須稱獎因圖異
狀頒顯有司歲暮驅除可宜徧識以祛邪魅兼靜妖氛
仍告天下悉令知委熙甯五年上令畫工摹搨鐫板印
賜兩府輔臣各一本是歲除夜遣入內供奉官梁楷就
東西府給賜鍾馗之象觀此題所記似始於開元時均棻

事亦載唐逸史亦即今除夕書鍾進士三字貼門所昉

又筆談卷二十四識誌一云歲首畫鍾馗於門不知起自何時皇祐中金陵發一冢有石誌乃宋宗慤母鄭夫人宗慤有妹名鍾馗則知鍾馗之設亦遠矣

明程敏政宋遺民錄云頤貞趙千里作髯君按即鍾馗野瀏一豪豬即之妹子持杖披襟逐之均案此鍾馗嫁妹俗說所昉

五代史卷六十七吳越世家云歲除畫工獻鍾馗擊鬼圖均案此鍾馗之見於正史者

唐孫逖張說文集有謝賜鍾馗畫表劉禹錫有代杜相公及李中丞謝賜鍾馗厤日表

國朝翟灝通俗編神鬼門云鍾馗與考工記云終葵者通其字反切爲椎椎以擊邪故借其意以爲圖均案此從北史堯暄本名鍾葵字辟邪悟出後魏書有李鍾馗北史恩倖傳有宮鍾馗

國朝蔡雲吳歈百詠云掀髯墨象聊驚鬼均案此指水墨鍾馗言吳江震澤合志云五月五日堂中懸鍾馗畫象舊俗所未有吳曼雲江鄉節物詞小序云杭俗端午懸鍾進士畫像以逐疫

神和子

宋蘇轍龍川別志云乖崖公張詠少時游京師寄封邱

之逆旅有一道人與之鄰房日會飲酒家及將去曰我神和子也異日見子成都矣張公爲成都守無所見後修天慶觀以家財建一閣曰望仙閣無事日輒出游焉冀有所遇如是二年代者將至復一登之日暮出東廡下得一小徑入得一小院堂中四壁多古人畫像中有一道人髣髴逆旅所見題曰神和子公悵然自失神和子姓屈突名無爲字無不爲五代時人所著書亦以神和爲名

明眞子

國朝董含三岡識略卷一云細林山彭宏大號素雲法

名通微河南汝陽人母夢一黃冠食以大桃而有娠及長明太和張眞人之旨徧游中原至雲間擇居此山明太祖遣中使宣召値其羽化命啟龕視之正坐不倚長爪繞身特賜號明眞子今山頂有仙冢及丹井相傳爪甲隨風而化變爲金蛇長三四寸兒童捕置器中以供戲翫亦有封識宛然倏去不見者止此山有之他處無有也

木牌王

安徽懷遠縣志曰木牌王不知何許人持木牌以療病宿元眞觀神旁不藉寸草門外雪深尺餘廟祝以爲死

矣探之臥處熱氣蓬蓬然始相驚異好飲酒有病痂者持酒往叩之一舉而盡吐半於瓢命病者飲病隨愈後不知所之

藥王廟　藥王菩薩

國朝高士奇扈從西巡日錄云藥王廟專祀扁鵲四月二十八日賀藥王生日均案一統志云任邱縣鄭州城東北有藥王廟祀扁鵲吳偉業過鄭州詩有香火年年賽藥王之句

沈汾續神仙傳云藥王姓韋名古道號歸藏西域天竺人開元二十五年入京師紗巾毳袍杖履而行腰繫葫蘆數十枚廣施藥餌療人多效帝召入宮圖其形賜號

藥王

韓元咎桐陰舊話引列仙傳曰唐武后朝韋善俊京兆人長齋奉道常攜黑犬名烏龍世俗謂之藥王

國朝施鴻保閩雜記卷五云福州于山有藥王菩薩廟或以爲郎扁鵲故亦稱盧醫廟予按天中記引唐本草序藥王菩薩姓韋名古字老師疏勒國得道人也常身被毳袍腰懸數十葫蘆頭戴紗巾手持藜杖往來城野以一黑犬自隨開元中疾沴盛行醫治輒效朝野崇敬稱爲藥王菩薩或傳其年已五百餘矣又引神仙傳言自堯舜至唐凡五度化身救世其後黑犬化爲黑龍負

以升天今廟中像有二在上者草衣卉服跣足科頭腰間亦懸葫蘆在下者巾服如漢唐人或謂在下者卽扁鵲在上者乃神農也恐非當時建廟旣稱藥王菩薩當卽前二書所云者惟異其巾袍故誤耳

醫王廟

國朝王峻蘇州府志云醫王廟舊稱三皇廟祀伏羲神農黃帝康熙二十八年並祀夏禹三十年知府盧騰龍請以岐伯伯高鬼臾區少俞少師雷公配

花神

崑山新陽合志云二月十二日爲花朝花神生日各花

卉俱賞紅鎮洋縣志則曰十二日爲崔元徽護百花避封姨之辰故翦綵繫花樹爲旛均案鄭還古博異記載崔事第云春夜不言月日

機神廟

杭州府志云機神廟在城東北隅褚河南裔孫譚載者得機杼之巧於廣陵歸而敎其里中於是機杼甲於天下宋至道元年始於杭置織務至今未改杭人立祠祀之又推原始爲機杼者復立機神廟

國朝錢泳履園雜記云蘇州機神奉張平子廟在祥符寺巷杭州機神奉褚河南廟在張御史巷

中堂神王

夷堅志李三妻條有吾爲中堂神王汝家從來香火嚴潔之語（均案即五祀之中霤神也）

門神（門丞戶尉）

禮王制大夫祭五祀司命中霤門行厲（祭法三祀無司命中霤）月令秋祀門祭先肝又喪大記注曰君釋菜以禮禮門人（均案此門神二字之始）漢書廣川王去疾傳曰殿門畫成慶短衣大袴長劍（均案此畫門神之始）賓退錄曰除夕用鎮殿將軍二人裝門神楓窗小牘曰靖康以來汴中門神多番樣戴虎頭盔王公之門至以渾金飾之識者謂虎頭男金飾便

是金人在門夷堅志張鱗魚條云使黃衣反其家取錢亘久負二千至曰初時左門丞見拒而右戶尉爲我通報故得之吳錫麒新年雜詠小序曰司門之神昉自桃符以神荼鬱律能辟邪也月令廣義曰近畫門神爲將軍朝官諸式復加爵鹿蝠蟢寶馬瓶案等狀皆美名以迎祥祉世俗沿傳莫考其何昉也吳縣志云門神彩畫五色多寫溫岳二神之像清嘉錄云除夕易門神俗畫秦叔寶尉遲敬德之象彩印於紙小戶貼之其市在北市桃花塢一帶

五路神 五部神　財神

五路神俗稱爲財神其實卽五祀門行中霤之行神出門五路皆得財也

明姚宗儀常熟私志云正月五日祀五路神均案今以是日爲神誕

無錫縣志載或說云神姓何名五路元末禦寇死因祀之均案此又一神與財神無涉

水經渭水篇注云渭水又東逕鄭縣故城城南山北有五部神祠均案此又一神與五路義稍近

光緒歸安縣志十二云湖俗好淫祀有金元六總管七總管市井中目爲財神建廟尸祝每月初二十六日用

牲醴與五聖同饗名曰拜利市

利市仙官　利市婆官

夏文彥圖繪寶鑑云宋嘉禾好爲利市仙官骨格態度俗工莫及又虞裕談撰云江湖間多祀一姥曰或言利市波乃神所居地名非婆也此或其一方所見有然

玄壇

庾信黑帝雲門舞歌北辰爲政玄壇均案此玄壇者北方黑色之壇鄭氏周禮注之北郊壇也與今所祀者無涉明王鏊姑蘇志玄壇或曰神姓趙名玥字公明趙子龍之從兄弟

國朝顧祿清嘉錄云俗以三月十五日爲玄壇神誕謂神司財能致人富故居人多塑像供奉又謂神回族不食豬肉每祀以燒酒牛肉俗謂齋玄壇

趙公明

梁陶宏景眞誥協昌期篇載建吉冢埋圓石文云天帝告土下冢中直氣五方諸神趙公明等某國公位甲乙年如干歲生値淸眞之氣死歸神宮翳身冥鄉潛寧沖虛辟斥諸禁忌不得妄爲害氣

竈神

周禮注顓頊氏有子曰黎祀爲竈神淮南子氾論訓炎

帝作火而死爲竈神莊子達生篇竈有髻釋文引司馬彪注髻竈神著赤衣狀如美女又許慎五經異義曰竈神姓蘇名吉利或云姓張名單字子郭後漢書陰識傳注引雜五行書云名禪其婦姓王名搏頰字卿忌段成式酉陽雜俎云神名隗一名壤子有六女皆名察治其屬神有天帝嬌孫天帝大夫硎上童子突上紫官等

竈君

戰國策復塗偵謂衛君曰昔日臣夢見竈君均案此稱竈君二字之始道書以八月三日爲東廚司命眞君誕辰今俗云因封眞君而稱君者非

竈王

唐李廓鏡聽詞匣中取鏡辭竈王羅衣掩盡明月光

附跳竈王

褚人穫堅瓠集吳中以臘月一日行儺至二十四日丐者爲之謂之跳竈王吳曼雲江鄉節物詞小序云杭俗跳竈王臘月下旬塗粉墨於面跳踉街市以索錢米

竈公竈婆

李綽秦中歲時記歲除日進儺皆作鬼神狀內二老兒爲儺公儺母顧張思土風錄曰此卽今之竈公竈婆

竈馬　竈界

孟元老東京夢華錄云年夜貼竈馬於竈上月令廣義燕俗鐫竈神於木以紙印之曰竈馬吳俗呼爲竈界以紅紙銷金爲之一年一換

祀竈神　謝竈

月令夏祀竈孔氏正義曰竈神常祀在夏清嘉錄云六月初四十四念四日比戶祀竈謂之謝竈俗諺云三番謝竈勝做一壇清醮又云煮糯米和赤豆作糰祀竈謂之餈糰常昭合志云八月念四日以新粳米作餈團祀竈又云祀竈以米粉作團素羞四簋稱爲謝竈素菜吳江縣志臘月二十四日祀竈用葷品古時有用雞者白虎通祭竈以雞蘇軾詩

明日東家應祭竈隻雞斗酒定燔吾僧道五行書正月已丑日白雞祭竈宜蠶圖經十二月二十四日民間黑荍糖果及白雞祀竈神有用黃羊者搜神記漢陰子方以黃羊祀竈明代嘉定王槐祀竈詞陘邊爛煮黃毛鮮或云黃羊卽犬有用豬者荊楚歲時記以豚酒祭竈五行書五月辰日豬頭祭竈治生萬倍范成大祭竈詩豬頭爛肉雙魚鮮陳藻平江臘月二十五日詩昨日宰豬家祭竈

附接竈

長洲元和吳縣志皆云接竈以除夕吳江震澤志同常昭合志崑新合志則並云於上元夜又吳錫麒祭竈詩自序云

杭俗元旦接竈

附送竈

月令廣義臘月二十四日焚竈馬謂之送竈上天合家少長羅拜祝曰辛甘臭辣竈君莫言吳曼雲江鄉節物詩小序云杭俗念四夜送竈以糖分染五色皆用素品均案玉篇示部禩竈上祭也似此義說文走部作趩

附竈經

隋書經籍志五行家有竈經十四卷梁簡文帝撰

附點竈燈

崑新合志曰上元挂點竈燈凡三夜郡城始於十三夜

曰試燈止於十八夜曰放燈

牀公　牀婆

會三異同話錄曰崔大雅在翰苑夜直玉堂忽降旨令撰祭牀婆子文惘然不知格式邀周丞相問之曰但如常式皇帝遣某人致祭於牀婆子之神曰汝司牀簀云云今俗以酒祀牀母茶祀牀公謂之男茶女酒楊循吉除夜雜詠云酌水祀牀公

厠神　紫姑　厠姑　坑三姑娘

夢溪筆談曰正月望夜迎厠神荊楚歲時記正月望夕迎紫姑以卜清嘉錄曰正月望夕迎紫姑俗稱坑三姑

娘問終歲之休咎范成大吳郡志曰十二月十六日祭厠姑蓋稱爲姑自有姑娘之稱但何以行三未見所出厠作紫者因字不雅而改之異苑曰紫姑姓何名媚字麗娘萊陽人壽陽李景之妾不容於嫡曹氏常役以穢事於正月十五夜陰殺之厠間上帝憫之令爲厠神故世人以諡日作其形夜於厠間或豬闌邊迎之祝曰子胥不在曹亦歸去小姑可出戲提豬覺重者則是神來可占眾事李商隱詩羞逐鄉人賽紫姑是此風唐代已盛行

金馬碧雞之神

元張道宗古滇說曰周宣王時天竺摩耶提國阿育王

生三子長曰福邦次曰弘德次曰至德三子俱健勇因父有神驥爭欲得之王莫能決乃命左右曰將我神驥縱馳而去有能追獲者主之縱驥東奔季子先至滇之東山得之因以金馬名其山長子次至西山有碧鳳集山上滇人呼鳳爲雞因名山爲碧雞季子後至北野各留屯不回阿育王憂思遣舅氏神明以兵迎之爲哀牢夷所阻遂居滇各主其山死而爲神馮甦滇考卷上

王褒就蜀巴郡移祭金馬碧雞頌曰持節使王褒謹拜南崖敬移金精神馬縹碧之雞處南之荒深谿回谷非土之鄉歸徠歸徠漢德無疆廣乎唐虞澤配三皇黃龍

見兮白虎仁歸徠歸徠可以爲倫歸兮翔兮何事南荒

滇考卷上引又云今成都有金馬碧雞山相傳卽褒醮祭處

漢書王褒傳方士言益州有金馬碧雞之寶可祭祀致也宣帝使褒往祀焉褒於道病死

白馬廟

國朝王峻蘇州府志白馬廟在香山西白馬寺前祀本境土穀之神

國朝梁章鉅浪跡續談卷二云溫州瑞安門俗呼大南門半里許有英濟廟俗呼白馬廟相傳神爲昭明太子拯饑來此故稱廟云均案此又一神白馬大王廟白馬三郎廟

白馬相公廟白馬將軍祠並見續談

蛇王廟

明錢希言獪園云蛇王廟在婁門外及葑門捕蛙者祭獻其中

國朝錢思元吳門補乘云蛇王廟前殿塑蛇將軍相傳蛇王爲方正學殊堪噴飯

國朝顧祿清嘉錄云四月十二日蛇王生日進香者焚香乞符歸粘戶牖謂遠毒蛇

青蛙使者

金谿縣志載創縣時堪輿楊文愿立三廟以禳瘟疫北

爲天符南爲太紫中爲水門廟廟有神物號青蛙使者頗著靈爽邑不通水道歲端午於陸地競渡數十人負一舟植木其上其巔如屐狀高者至數十尺立人於木末爲戲亦文愿設以禦災而使者實主其事又云水門廟所祀使者形卽青蛙背上金星七好事者以錫作盆置金椅於內閉以錫蓋去來自如相傳開縣時作官舍取土深數丈得之神爲人言云掌邑中五瘟使者故祀於此康熙甲寅春有大蛇自神龕出啖使者還吐出若支解然既又復故觀者盈廟門蛇不爲動三日乃去既去使者坐椅上如常未幾土賊楊益茂據城識者以是

爲兆康熙壬申侯官毛公翼坦來守是邑均案以舉人官斯邑十二年歿後崇祀名宦祠首禁龍舟爲疏詣廟與使者對坐告曰使者旣爲一邑主毋好戲龍舟費吾百姓錢吾爲令使者不得瘟吾百姓使者自是潛其形瘟氣亦絕公去使者仍來廟中戲龍舟亦如故原注采馮詠詞原乘其邑人李元復著常談叢錄云三廟神像皆肖人形作紫黑面不一眞形卽蛙也居天符廟者號爲火眼金睛伏椅上肥大可重三四兩色嫩綠項至尻有雲紋如沙糖色卽俗所謂背上七星者其實不似也腹下紫色足三肉爪如人指淡黃色爪端各出橫肉分許如暈眾形後又見三使者皆在

甆盤盛水居之大小不一竟無前者之形相一小者身僅長寸餘而爪端若枯竹枝槎枒歧出者幾長與身倍此尤異也或祀以酒竟能吸飲踰時體稍變赤如醉狀國朝董含三岡識略卷四云撫州金谿縣近郭有一蛙狀貌絕大猙獰可畏據土人云自東晉時即見之漸著靈異商賈祭禱獲利必倍病者祀之立瘥邇來仕宦此地亦必虔謁因其號為青蛙使者其隱見無常有終身不得一見亦有一人屢遇者夫蛙之為物最冥頑不靈乃能歷千餘年誕著詭異至士大夫亦從而拜之可怪也已

祀尉遲公

國朝羅天尺五山志林云語云西域骨種羊廣東火焙鴨皆奇事也始集卵五六百一筐置之土壚覆以衣被環以木屑種火文武其中設虛筐候之卵得火小溫輒轉徙虛筐而上下之晝夜六七徙凡十有一日而登之牀亦藉以衣被而重覆其上時旋減之通一月而雛啄殼出矣所祀爲師者則尉遲公謂初有鐵匠置鴨卵數枚火壚旁久而雛出因悟火焙之法尉遲公曾作鐵匠故祀之

餅師祀漢宣帝

宋蔡絛鐵圍山叢談云漢宣帝在側微時有售餅之異見於漢書紀至今凡千百歲而關中餅師每圖宣帝像於肆中今殆成俗

宗三舍人　髹三爺

安徽婺源志云宗三舍人廟在沱川明夏原吉一統肇基錄云太祖封舟索爲髹三爺立廟致祭

馮大王

安徽宿松縣志云廟在縣治南八十里明崇禎時賀逢聖道出江口風大幾覆舟彷彿見紅袍神躍入江中舟

遂繫定詰朝解纜鐵貓重不可拔賀親禱之始起貓上鐵索纏異木數株皆長數丈頭角崚嶒苔蘚黝綠形若蛟螭乃命知縣苟天麒立廟祀之靈應異常第不知何自氏焉與封王也

楠木大王

湖北黃岡縣志云盧公濬嘗浮舟江上陽侯風起舟師頻呼楠木大王問故以妖對公歸撰文牒水府其略曰象窮魍魎轉深鑄鼎之思誠格神明欲下燃犀之照雖川靈之失綱故令尾大者不掉彼風師之助虐其與首惡者何殊越三日忽一木自樊口至遂命縛之登岸時

修學宮以爲左柱

附木龍

國朝董含三岡識略卷三云鄱陽湖有大木乘風鼓浪昂首掀舞遠望如龍一月數見土人呼爲木龍犯之者能覆舟有禱輒應糧艘駢集皆虔祀之中有十餘艘笑其妄揚帆先行至中流忽遇木龍撞擊一時俱沈救援不及洞庭有楠木大王想卽此類

孟公孟姥

唐段公路北戶錄云船神呼爲孟公孟姥其來尚矣劉思眞云玄冥爲水官死爲水神冥孟聲相似或云冥父

冥姥因玄冥也

老郎廟

國朝錢思元吳門補乘云廟在鎮撫司前梨園子弟祀之其神白面少年相傳爲唐明皇因明皇興梨園故也又曰山海經云䰠山耆童居之其音常如鐘磬音郭璞注耆童老童也顓頊之子老郎疑卽老童爲音聲之祖郎與童俱年少稱也均案俗云郎二十八宿中翼宿

國朝顧祿清嘉錄引介休劉觀察澄齋老郎廟詩云梨園十部調笙簧路人走看賽老郎老郎之神是何許乃云李氏六葉天子唐明皇均案宋羅大經鶴林玉露云時俗所謂快活三郎者卽唐

明皇也

國朝丹徒王文治詩集以爲是唐莊宗其題老郎畫讚云人言天寶我爲同光

白眉神

明沈德符野獲編補遺云狹邪家多供關壯繆像後乃知不然是名白眉神長髯偉貌騎馬持刀與關像略肖但眉白而眼赤京師詈人曰白眉赤眼兒必大恨

田相公

國朝汪鵬袖海編云習梨園者共構相公廟自閩人始舊說爲雷海青而祀去雨存田稱田相公

人身諸神名

唐段成式酉陽雜俎廣知篇曰腦神曰覺元　髮神曰玄華　目神曰虛監　鼻神曰沖龍王　舌神曰始梁又云道士郭采眞言人影數至九成式嘗試之至六七而外已亂莫能辨郭言漸益炬則可別又說九影各有名影神一名右皇二名魍魎三名洩節樞四名尺鬼五名索關六名魄奴七名竈囼（一名冏）舊抄九影名在麻面紙中向下兩字魚食不記八名亥靈胎九名魚全食不辨

三尸神

唐段成式酉陽雜俎玉格篇曰三尸一日三朝上尸青

姑伐人眼中尸白姑伐人五藏下尸血姑伐人胃命亦曰玄靈又曰一居人頭中令人多思欲好車馬其色黑一居人腹令人好食飲恚怒其色青一居人足令人好色喜殺七守庚申三尸滅三守庚申三尸伏

十殿閻王

宋無名氏鬼董云佛言琰魔羅蓋主捺落迦者止一琰魔羅王耳閻羅蓋琰魔羅之訛也餘十八王見於阿含等經名皆梵語王主一獄乃閻羅僚屬義不得差肩十王之說不知起於何時佛所舉三千大千世界素訶其一今所居贍部特素訶之一州於世界不啻太倉之稊

米泰山直微塵耳閻羅蓋指一素訶世界言之其統攝大矣泰山奈何亦以王號與之敵體哉轉輪王主四天下蓋入而幾於天者亦非主冥道乃概列於十王其餘名號如宋帝五官之類皆無所稽據又七七日而所歷者七王自小祥以後二年乃僅經二年抑何疏密之懸殊耶

一切經音義二十四云琰摩或作閻摩羅或言閻羅亦作閻摩羅社又言夜摩盧迦皆是梵音又云閻摩此云雙羅社言王兄及妹皆作地獄王兄治男事妹治女事故曰雙王也

國朝翟灝通俗編引法苑珠林云閻羅王者昔爲沙毗國王常與維陀如生王戰兵力不敵因立誓願爲地獄主臣佐十八人悉忿懟同誓曰後當奉助治此罪人十八人卽主領十八地獄也又引閻羅王五天使者經云人死當墮地獄則主者持行白閻羅王具其善惡閻羅王爲現五使者而問言

又引暌車志云張叔言判冥鬼有十八而十八人內兩是婦人

附孟婆湯　還魂湯

國朝侯朝宗壯悔堂集云侯執蒲大梁人年二十一同

兄執躬舉戊子孝廉提學使者長垣李化龍謂曰吾受生時未飲鬼漿能前知二子皆列卿長者當聯第次者當後十年□□□□□□士科

國朝趙吉士寄園寄所寄云宣府都指揮胡縉有妾死後八十里外民產一女生便言我胡指揮二室也胡往女言前生事胡不覺淚下遂取女歸女言幽冥間與世所傳無異又言死者須飲迷魂湯我方飲時為一犬過踏而失湯遂不飲而過是以記憶了了

附柰何橋

國朝顧炎武山東考古錄云嶽之西南有水出谷中為

西溪自大峪口至州城之西南流入於泮曰渿河其水在高里山之左有橋跨之曰渿河橋世傳人死魂不得過而曰柰何此如漢高帝云柏人者迫於人也

附業鏡臺

唐段成式酉陽雜組云明經趙業失志成疾有朱衣平幘者引之東行至曹司中見妹壻賈奕與已爭殺牛事忽有巨鏡徑丈虛懸空中仰視之宛見賈奕鼓刀趙負門有不忍之色賈始服罪

附寄庫

宋無名氏鬼董云杭有楊嫗信庸僧寄庫之說月爲一

竹簍實寘金銀而焚之付判官掌之判官者取十二支
之肖似爲姓如寅生則黄判官丑爲田未爲朱亥爲袁
卯爲柳戌爲成之類
宋葉隆禮遼志云遼俗十月內五京進紙衣甲器械十
五日國主與押番臣密望木葉山奠酒用番字書狀同
燒化以奏山神曰寄庫

附鬼門關

唐書地里志云容州北流縣南有兩石相對遷謫至此
者罕得生還俗號鬼門關諺曰鬼門關十人去久不還
李德裕詩崖州在何處生度鬼門關

地獄異說

宋龐元英文昌襍錄云余讀唐會要貞觀十五年遣新州刺史高表仁持節至倭國古倭奴國也在新羅東南居大海中表仁浮海數月方至自云路經地獄之門新見其上氣色蓊鬱又聞號叫鎚鍛之聲甚可畏懼世之言地獄者多矣信非妄耶

五方鬼帝所治山

晉葛洪枕中書云蔡（疑合神荼二字爲一）鬱律爲東方鬼帝治桃邱山張衡楊雲爲北方鬼帝治羅酆山（本書又云孔子門徒不經北酆之門又唐崔致遠桂苑筆耕集有下元齋詞云雖愼撫綏於南兗尚多愆咎於北酆卽用此）杜子仁

爲南方鬼帝治羅浮山周乞稽康爲中央鬼帝治抱犢山趙文程王眞人爲西方鬼帝治嶓冢山

酆都陰君　羅酆

宋范成大吳船錄云忠州酆都縣去縣三里有平都山碑牒所傳前漢王方平後漢陰長生皆在此得道仙去有陰君丹鑪滿山古柏大數圍轉運司歲遣官點視相傳爲陰君手種陰君以鍊丹濟人其法猶傳知石泉軍事章森德茂家有陰丹甚奇卽陰君丹法也

唐段成式酉陽雜俎玉格篇曰有羅酆山在北方癸地周迴三萬里高二千六百里

女靑

唐段成式酉陽雜俎玉格篇曰二十四獄有九平元正

女靑河北等號

太歲

論衡難歲篇移徙抵太歲曰歲下負太歲名曰歲破皆

凶

酉陽襍俎續集支諾臯中篇云萊州卽墨縣有百姓王

豐兄弟二人豐不信方位所忌常於太歲上掘坑見一

肉塊大如斗蠕蠕而動遂塡其肉隨塡而出豐懼棄之

經宿長塞於庭豐兄弟奴婢數日內悉暴卒唯一女存

焉

避煞

陸刻宋板夷堅乙志十九云江浙之俗信巫鬼相傳人死則其魄復還以其日測之某日當至則盡室出避於外名爲避煞命壯僕或僧守其廬布灰於地明日視其迹云受生爲人爲異物矣鄱陽民韓氏嫗死倩族人永甯寺僧宗達宿焉達瞑目誦經中夕聞嫗房中有聲嗚嗚然久之漸厲若在甕盎間蹴踏四壁略不少止達心亦懼但益誦首楞嚴咒至數十過天將曉韓氏子亦來猶聞物觸戶聲不已達告之故偕執杖而入見一物四

尺首戴一甕直來觸人逵擊之甕卽破乃一犬呦然而出蓋初閉門時犬先在房中矣甕有穅伸首舐之不能出故戴而號呼耳諺謂疑心生暗鬼殆此類乎

金神七煞

宋洪邁夷堅志金神七煞條云吳楚之地俗尙巫師如居舍修營或於此近改作則盡室遷避謂之出宮最所畏者金神七煞之類各視其名數以禳之

九梁煞　九梁星

宋洪邁夷堅志九梁星條載陰陽家有九梁星煞之禁云云又金神七煞條有犯九艮煞當卽解云云又大善

寺白衣人係有犯九梁星當死云云朱先覺七梁係有陰陽家謂九梁星今年在堂不宜動作云云

七傷官

明李詡戒庵老人漫筆載七傷官一曰擎鷹放鶴二曰執旗把傘三曰花拳繡腿四曰馬前馬後五曰鳴鑼擊鼓六曰轎前轎後七曰蹴毬打彈

形夭

山海經海外西經形夭與帝爭神帝斷其首乃以乳爲目以臍爲口操干戚以舞

陶潛讀山海經詩形夭舞干戚猛志固常在均案俗作刑天無干

葳者誤

河南汜水縣有唐等慈寺碑云愍疏屬之罪方滯迷塗
兪形夭之魂久淪長夜

淮南子地形訓西方有形殘之尸高注形殘之尸以兩
乳爲目肥臍爲口操干戚以舞

夜叉　飛天夜叉

陸刻夷堅甲志十九云趙淸憲丞相挺之夫人郭氏之
姪郭大以盛夏往靑社外邑乘月以行中路馬驚鞭策
不敢進左顧瓜田中一物高丈餘形如蝙蝠頭如驢兩
翅如席一爪據地一爪握瓜食之目光爛然郭喪膽囘

馬疾馳數十步間反顧猶未去他日入神祠見壁畫飛天夜义蓋其物也

陳仁嬌　赤蝦子　樹杪間人

明香山黃瑜雙槐歲鈔云宋廣東經略使蔣之奇嘗作蓬萊仙傳陳仁嬌香山陳氏女子自少絕粒修鍊成仙身輕能從諸仙飛游四方嘗降廣州進士黃洞家今吾邑惟壽星塘山水幽勝甲一邑有物曰赤蝦子者如嬰兒而絕小自樹杪相牽掛而下笑呼之聲亦如嬰兒甫至地而滅人謂蓬萊仙女遺類

國朝鄧粹如嶺南叢述卷五十四引一統志云陳仁嬌

廣東南海人其父玘寓居瓊仁嬌嘗夢爲道蓬遊及寤每思舊遊不可得忽八月望丙辰有仙數百從空招之仁嬌超然隨衆朝謁於帝遂擎蓬萊紫虛洞宋元祐中降於廣州進士黃洞之家再時

國朝王士禎池北偶談引月山叢談云廣西思恩縣近村樹杪有二人約長一尺五寸武人妝束曰竹纏芒屨其行如飛

國朝羅天尺五山志林云順德民有入德慶深山採木見古樹上有氣縷縷若煙飛鳥過之皆墜視之其中有人狀類凝脂問之不應拂之則笑同伴曰此非惡物也

烹而食焉食已覺熱羣浴溪中肉盡潰裂而斃均案此殆蕈中一類

大慈大悲更生如來

宋洪邁夷堅乙志云仙井監蘭池鄉民鮮述病死遇故人曹惟吉曰有鄉人在可勿憂曰誰耶曰虞太傅今判更生道明日爲更生佛矣少焉吏引入殿下放還述拜而出至大樓闕下望題榜綠牌金字曰大慈大悲更生如來時紹興十八年六月二十六日虞名祺字齊年更生佛名見大涅槃經中

華光如來

宋魯應閎窗括異志云五顯靈官大帝佛書所謂華光如來

附極樂世界

唐柳宗元淨土院記云佛言西方過十萬億里有世界曰極樂

唐白居易畫西方幀記云極樂世界者以無八苦四惡道三毒五濁業故也

定光佛

宋方勺泊宅編云婺州有僧嗜豬頭一噉數枚俗號豬頭和尚三衢之守召師食自牖窺之見一鬼從旁食師

無預焉師尋坐亡閱師辭世頌知是定光佛也
宋朱弁曲洧舊聞云五代割據干戈相侵有一僧雖佯狂而言奇中嘗謂人曰若要太平須待定光佛出世至太祖一天下皆以爲定光佛後身者蓋用此僧之語也

均案此以宋太祖爲轉世生於後唐天成二年丁亥

又云予書定光佛事友人姓某者見而驚喜曰異哉予之外兄趙蓋宗室子也手持數珠日誦定光佛千聲予曰世人未有誦此佛者豈有說乎外兄曰吾嘗夢梵僧告予曰世且亂定光佛再出世子有難能日誦千聲可以免矣吾是以受持予時竊笑之今觀公書此事則再

出世之語昭然矣此予所以驚而又悟外兄之言可信也予曰定光佛初出世今再出世流虹之瑞皆在丁亥年此又一異也君其識之均案宋高宗是其再轉世生於大觀元年丁亥

國朝施可齋閩雜記云佛面竹長一二丈粗及把節甚疏每節有一佛面眉目口鼻皆具可以爲杖出龍巖及永定武平等山中俗呼爲定光佛杖東坡送佛杖與羅浮長老詩十方三界世尊面都在東坡掌握中按注蘇詩各家俱未及此

普光功德山王佛　善住功德寶王佛

劉宋曇謨竭譯觀世音得大勢受經云昔金光獅子游

戲如來國彼國中無有女人王名威德於園中入三昧左右二蓮花化生二子左名寶意即是觀世音右名寶尚即是得大勢觀世音爲普光功德山王如來得大勢爲善住功德寶王如來

普陀山大士現身

國朝王士禎居易錄云滄州人張漢儒至普陀謁大士一老人曰欲見大士乎張曰大士安得見曰但祈禱當有所覩張與同輩十餘人跪禱久之忽見洞口有金光果覩大士自石壁中出惟見側面又禱曰願覩正面大士又即背洞面海去人咫尺紺髮卷鬛高顴隆準衣綠

色半身在雲氣中不可見眾歡喜稽首倏入石壁去老
人云始亦以得遇大士現身故捨身於此供灑埽之役
又云長安薦福寺僧行美謁普陀山與雲水僧七八兩
中炷香潮音洞虔禱願覩大士慈容倏見洞中現五色
光光中有大士立像旁有白鸚鵡像貌莊嚴妙好是女
人身他僧見者種種不一久之乃沒

觀音大士

元管道昇（趙孟頫室）觀音大士傳云觀音生西土諱妙音妙
莊王之季女也將笄王以三女覓贅婿長妙因次妙緣
順旨觀音以忤王被貶後王病瘡潰死乃自幻形為老

僧上奏非至親手眼不可療王以二女爲至親宣取之俱不用命僧云香山仙長濟度生靈一啟口必可得王使臣從仙長求即自斷挽其兩手眼付使臣持去王服之而愈往見仙長果無手眼籲叩天地求爲完之少頃手眼千矣於是敘父子之情極歡勸王修善王從之

宋朱弁曲洧舊聞云蔣穎叔守汝日用香山僧懷晝之請取唐律師弟子義常所書天神言大悲之事潤色爲傳載過去國莊王不知是何國王有三女最幼者名妙善施手眼救父疾其論甚偉然與楞嚴及大悲觀音等經頗相失

白衣觀音

遼史禮志云太祖幸幽州大悲閣遷白衣觀世音像建廟木葉山尊爲家神

宋洪皓松漠紀聞云長白山爲白衣觀音所居

宋咸湻臨安志云晉天福四年得奇木爲觀音大士像錢忠懿王夢白衣人求治其居王感悟即其地建天竺看經院

清淨觀世音菩薩說普賢陀羅尼經云若造像觀音坐華屋著五色衣胡跪合掌下作毗陀天女著白衣向菩薩

陸心源刻宋本夷堅志卷十云平江民徐叔文妻遇金人破城獨脫身賊手出郭於水中行惟誦觀音佛名首插金釵恐爲累擲置水中半途迷所向有白衣老媼在岸呼之令上指示其路曰遇僧卽止又云恐汝無裹足贈汝金釵視之蓋向所棄者至一林中見寺遂止乃薦福也次日其壻蔣世永適相值乃攜以歸

又云湖州有村媪患臂久不愈夜夢白衣女子來謁曰我亦苦此爾能醫我臂我亦醫爾臂媪曰娘子居何地曰我寄崇甯寺西廊媪旣寤卽入城至崇甯寺以所夢白西舍僧忠道者道者思之曰必觀音也吾室有白衣

像因葺舍誤傷其臂引至室中瞻禮果一臂損媼遂命工修之佛臂既全媼病隨愈

又乙志十七云京師人翟楫居湖州四安縣年五十無子繪觀世音像懇禱甚至其妻方娠夢白衣婦人以盤檠一兒甚韶秀妻大喜欲抱取之一牛橫陳其中竟不可得既而生男子彌月不育又禱請如初有聞其夢者告楫曰子酷嗜牛肉豈謂是歟楫竦然即誓闔家不復食遂復夢前婦人送兒至抱得之妻遂生子爲成人

國朝梁章鉅楹聯叢話云西湖中天竺白衣殿即送子觀音院也魏春松觀察成憲聯曰白衣仙人瓶中水楊

柳朱芾男子天上石麒麟又俗傳一聯云我具一片婆心抱箇孩兒送汝你做百般好事留些陰隲與他雖近俚語亦是渡世慈航

魚籃觀音

感應傳言唐元和十二年陝右金沙灘有美女持籃賣魚卽鎖骨菩薩或云魚籃者盂蘭之誤觀音卽而然大士

普賢文殊後身

宋陳耆卿赤城志三十五人物門云唐豐干寒山拾得號國清三隱豐干者貌尤寢被髮布裘或時唱歌入問

之第云隨我騎虎入松門三人每邂逅則長吟大笑人莫測也有詩偈三百題松石間如云日日日東出日日日西沒不知千古萬古人送向靑山成底物人競傳之正觀中閭邱守嘗問豐干天台有何賢聖荅云見之不識識之不見欲見而識不得取相國淸有寒山拾得狀類瘋狂歌笑不常蓋普賢文殊後身也公至宜謁之至則二人方擁火談笑閭邱遽作禮二人云豐干饒舌耶遂握手出門而去其後寒山隱寒石山拾得隱祥雲寺遺跡可考獨豐干不知所終均案閭邱守名胤以唐正觀十六年壬寅任見卷八又天台有唐豐尙書墓在縣東二里近有人穿土得墓記云尙書五子最幼者名干爲僧卽豐干也見卷三十

八

普賢大士

蓮社高僧曇翼傳云感普賢大士化女子身披綵服攜筠籠一白豕大蒜兩根至師前曰妾入山采薇日已斜豺狼縱橫歸無生理敢託一宿師卻之力女復哀鳴不已遂令居草牀上夜半號呼腹疼告師按摩師辭以持戒不應手觸女號呼愈甚師乃布裹錫杖遙爲按之翌日女以綵服化祥雲豕變白象蒜化雙蓮淩空而上謂師曰我普賢菩薩特來相試

龍猛大士

宋鄭思肖中興集醉鄉詩効取龍猛大士藥盡點大地
變黃金注云西土龍猛大士有藥能點大山爲金相傳
今尙有龍猛金

泗州大聖　泗洲文佛

國朝施鴻保閩襍記卷五云福省城中街巷間多供泗洲
文佛或作小龕或鑿壁爲龕有供像者有供牌位者亦
有但鑿四字壁上以奉者猶吾鄉之奉觀音大士也按
泗洲文佛疑卽泗州僧伽東坡有泗州僧伽塔詩查初
白注引高僧傳僧伽者葱嶺北何國人也何國在碎葉
國北伽在本土少而出家始至西京次歷江淮龍朔初

至臨淮就信義坊居民乞地下標識之穴土得古碑乃齊香積寺得金像衣葉上刻晉照王佛字嘗臥賀拔氏家現十一面觀音形其家遂捨宅其香積寺基卽今寺也中宗景龍二年詔赴內道場四年示寂歸葬淮上多於塔頂上現小僧狀於是求風者分風求子者得子宋太平興國七年敕重蓋塔雍熙元年加謚大聖二字據此則泗洲當作泗州改州爲洲不知何義又仍宋封當稱大聖文佛之號亦他佛所無僧伽未嘗至閩何以福之人奉之獨虔豈別是一佛號耶

十六羅漢

第一爲阿迦阿合音達機尊者貫休畫爲第十三因提陁尊者

第二爲阿資答尊者畫爲第十五阿氏多尊者

第三爲拔納西尊者畫爲第十四伐那婆斯尊者

第四爲嘎禮嘎尊者畫爲第七迦理迦尊者

第五爲拔襪哩合音逋答喇尊者畫爲第五伐闍那弗多尊者

第六爲拔拔哈合音達喇尊者畫爲第六䟦沒囉䟦陀尊者

第七爲嘎納嘎巴薩尊者畫爲第三賓頭盧頗羅墮誓尊者

第八爲嘎納嘎拔哈合音喇綴雜尊者畫爲第二迦諾迦伐蹉尊者

第九爲拔嘎沽合音拉尊者畫爲第十二拔諾迦尊者

第十爲喇呼拉尊者畫爲第十羅怙羅尊者

第十一爲租査巴納塔嘎尊者畫爲第十六注荼半托迦尊者

第十二爲畢那楂拉拔哈合音喇錣雜尊者畫爲第一賓度羅跋囉墮闍尊者

第十三爲巴納塔嘎尊者畫爲第八半託迦尊者

第十四爲納阿噶塞納尊者畫爲第十一那伽犀那尊者

第十五爲鍋巴嘎尊者畫爲第九戒博迦尊者

第十六爲阿必達尊者畫爲第四難提密多羅慶友尊者

十八羅漢

卽十六羅漢加兩尊者

一爲嘎沙鴉巴尊

一爲納達密答喇尊者

五百羅漢

法苑珠林宿障部耆彌跋謗佛緣條云過去九十一劫有一婆羅門名延如達好學廣博常教五百豪族童子今五百羅漢又佛被木槍刺腳條云爾時第二賈客五百衆者則今五百羅漢是

陸刻宋板夷堅丁志卷三云西京嵩山法王寺相近皆大竹林彌望不極每當僧齋時鍾聲隱隱出林表因目爲竹林寺或云五百大羅漢靈境也有僧從陝右來禮達摩道逢一僧言吾竹林之徒也一書欲達於典座但

那寺傍大木當有出應者僧受書而行到其處深林茂竹無人可問試叩木焉一小行者出引以入行數百步得石橋度橋百步大刹金碧奪目知客來迎示以所持書知客曰渠適往梵天赴齋少頃歸矣坐良久望空中僧百餘駕飛鶴乘獅子或龍或虎冉冉而下僧擎書授之且乞掛搭堅不許復命前人引出尋舊路以還至石橋指支徑令獨去才數步反顧則峻壁千尋喬木參天了不知寺所在

諾詎羅尊者

齊召南溫州府志雁蕩山閣化祖師姓羅氏名尭運蜀

之眉州青神縣入居中巖山有三峯鼎立如筍旁一峯
如寶瓶巖岫奇峭林木森蔚尊者道場也尊者爲靈山
十六應眞內第五位大阿羅漢自唐著靈後飛錫來震
旦東南大海際雁蕩龍湫息焉於是蜀之中巖溫之雁
蕩名重天下自尊者始也
又云紹興間婺人向氏游山夢一僧衲金襴而不見首
晨起一父老引之游大龍湫旣至失父老所在視諸詛
那尊者像傾圮一如所夢遂爲築室塑像羣匠會食或
歎山脊無肉俄有來鬻豨肉者其去履崖石如平地咸
謂尊者變現云

宋板夷堅丙志卷三云眉州青神縣中巖山諾距那尊者道場也山下三石筍峭拔鼎立游人齋戒往宿多獲見華幢寶光之瑞臨邛宋似孫過其地逢一僧在前酣醉跌宕挂新筍三枝於杖頭時方午暑殊可憎然未嘗語也僧回首咄曰我不飲酒君何得以犯戒謗我宋怒不對猶以其醉强忍不與校僧又曰知君是依政宋官人薄有淨緣故得至此宋忽悟其人負三筍豈非尊者示現乎下車欲致敬無所覩矣

四天王 即四金剛

佛雅曰東方持國天王南方增長天王西方廣目天王

北方多聞天王長阿含經云東方天王名多羅吒一作提羅吒一作提頭賴吒領乾闥婆及毗舍闍神將護弗婆提人即東勝神洲南方天王名毗琉璃一作毗留勒叉叉作毗樓勒迦領鳩槃茶及薜荔神護閻浮提人即南瞻部洲西方天王名毗留博叉一作鼻溜波阿叉領一切諸龍及富單那護瞿耶尼人即西牛賀洲北方天王名毗沙門一作鞞舍囉婆拏領夜叉羅刹將護鬱單越人即北俱羅洲王業在閻知新錄曰凡寺門金剛各執一物俗謂風調雨順執劍者風也執琵琶者調也執傘者雨也執蛇者順也均案楊慎藝林伐山云所執非蛇乃蜃也蜃形似蛇而大音如順所云似蛇而大未知何本

托塔天王

元史輿服志云東西南北天王旗均案即四金剛並繪神人武士冠衣金甲緋裲襠右手執戟左手捧塔履石

那吒太子

唐鄭還古開天傳記云毗沙門天王子也均案毗沙門是北方天王故世以那吒爲托塔天王之子

宋洪邁夷堅志載程法師事云値黑物如鐘從林間出知爲石精遂持那吒火毬咒俄而見火毬自身出與黑塊相擊

木叉

宋張師正閑窗括異志云蔡元度舟次泗州僧伽吐光射其舟萬人仰瞻士大夫知元度不起矣至高郵而沒世言元度爲木义後身云

密跡金剛

正法念經云昔有國夫人生千子試當來成佛之次至樓至當第千籌其第二夫人生二子一願爲梵王請千兄轉法輪次願爲密跡金剛神護千兄教法因狀其像於伽藍之門

韋馱

翻譯名義云韋馱是符檄用徵召也與今所稱護法韋

馱無涉其護法者蓋跋闍羅波膩[均案跋闍羅華言金剛波膩華言手]其手執金剛杵因以爲名

國朝梁章鉅浪迹續談卷七云今大小叢林頭門內皆立執杵韋馱有以手按杵據地者有雙手合掌捧杵者老僧云合掌棒杵者爲接待寺凡游方釋子到寺皆蒙供養其按杵據地者則否可一望而知也

禪門日誦載三洲感應護法韋馱尊天菩薩讚云韋馱天將菩薩化身擁護佛法誓宏深寶杵鎮魔軍功德難倫祈禱副羣心誦普賢菩薩摩訶薩摩訶般若波羅密三徧

六祖眞身

宋文信國指南後錄有南華山詩自注云六祖禪師眞身蓋數百年矣爲亂兵刲其心肝乃知患難佛不能免況人乎

又一題云已卯五月十八日予以楚囚過曹溪宿寺門下六祖禪師眞身頭爲亂兵竅其胸探其心肝蓋意其有寶故禍至此

布袋和尚

元袁桷延祐四明志十六釋道攷上云布袋和尚者唐末有僧形裁腲脮蹙頞皤腹杖荷布囊隨處偃臥張長

汀子雪中體不濡示人禍福輒應將雨則著草屨亢暘則曳木履梁貞明二年於奉化岳林寺東廊坐逝偈曰彌勒眞彌勒化身千百億時時示時人時人自不識葬寺西二里曰彌勒庵宋元符元年賜號定應大師三年祥光現於葬所得錫杖淨瓶邑人建閣藏之崇甯三年賜閣名崇甯舊志云

蟻衣禪師

國朝馮詠詞原乘云明嘉靖間荒旱雙坑童子灌水以桔槔一老僧過曰但指我鵝籠峯去路田自有水耳童子信爲然導至絕頂地勢坎陷林木叢翳有石如蒲團

僧跌坐其上告童子曰七日後當來視我童子返至田
所求果泛溢歸告其母母曰此山多虎豹不可居況七
日不食得不飢死乎明晨命童子與鄰里七八人往飯
之比至僧已坐化惟見黑蟻自首至心口周匝盤旋鄉
人咸以爲神作寺於茲山之巔肖其像稱曰蟻衣禪師
掌昆蟲之神云

鑄鼎餘聞卷四終

邑後學劉廣基謹校刊

鑄鼎餘聞／（清）姚福均編輯--影印本--臺北市：臺灣學生，民 78

34,458面；21公分--（中國民間信仰資料彙編第一輯；12）

ISBN 957-15-0017-8（精裝）：全套新臺幣 20,000 元

I（清）姚福均編輯　II 中國民間信仰資料彙編第 1 輯；12

272.08/8494 V. 12

中國民間信仰資料彙編　第一輯

王秋桂　李豐楙　主編

鑄鼎餘聞（全一冊）

編輯者：清・姚福均

出版者：臺灣學生書局

發行人：丁文治

發行所：臺灣學生書局
臺北市和平東路一段一九八號
郵政劃撥帳號〇〇〇二四六六八號
電話：三六三四一五六

本書局登記證字號：行政院新聞局局版臺業字第一一〇〇號

印刷所：明國印製有限公司
地址：台北市桂林路二四二巷五七號
電話：三〇八九八二〇

香港總經銷：藝文圖書公司
地址：九龍又一村達之路三十號地下後座
電話：三－八〇五八〇七

中華民國七十八年十一月景印初版

27203-12

ISBN 957-15-0017-8（套）